都市を観る

社会地図で可視化した都市社会の構造

浅川 達人

春風社

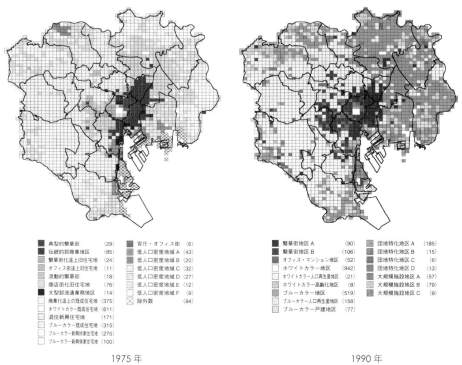

1975 年   1990 年

図表 4-25　東京 23 区クラスター図（1975、1990）

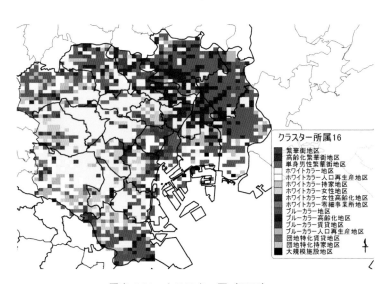

図表 4-26　クラスター図（2010）

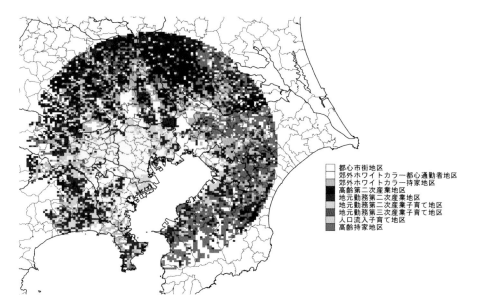

図表 5-24　東京圏クラスター図（1990）

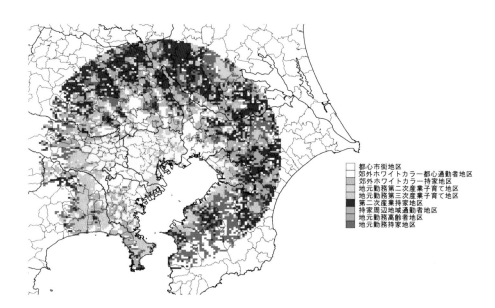

図表 5-25　東京圏クラスター図（2000）

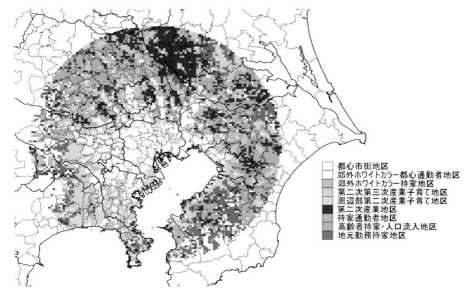

図表 5-26 東京圏クラスター図 (2010)

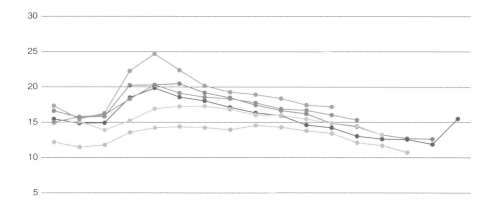

図表 7-5 東京圏のコーホート・シェア (1931 〜 1960)

(出所) 総務省統計局『国勢調査』より作成。

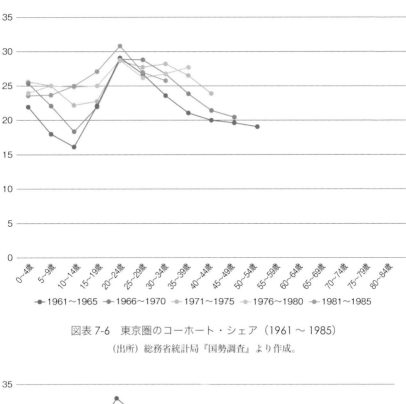

図表 7-6　東京圏のコーホート・シェア（1961 〜 1985）

（出所）総務省統計局『国勢調査』より作成。

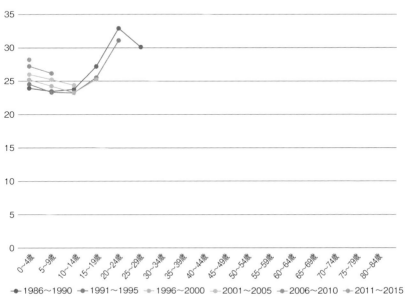

図表 7-7　東京圏のコーホート・シェア（1986 〜 2015）

（出所）総務省統計局『国勢調査』より作成。

都市を観る
社会地図で可視化した都市社会の構造

目次

第 III 部　戦後日本都市の社会空間構造

初出について

(1)　第1章は、浅川達人「都市空間を描く」玉野和志編著『都市
社会学を学ぶ人のために』世界思想社、2020年、pp.58-71を大
幅に加筆修正することによって執筆した。
(2)　第4章、第5章は、浅川達人「東京23区の空間構造とその
変動」「東京圏の空間構造の変化」橋本健二・浅川達人編著『格
差社会と都市空間　東京圏の社会地図1990-2010』鹿島出版会、
2020年を加筆修正することによって執筆した。
(3)　第6章は、浅川達人「社会地図でみる地方都市圏──三大都
市圏に新幹線で結ばれた地方都市の構造」後藤範章編著『鉄道
は都市をどう変えるのか：鉄道インパクトの社会学』ミネル
ヴァ書房、2021年、pp.247-268を加筆修正することによって
執筆した。
(4)　第7章1は、浅川達人「港区の人口と社会」『港区史（現代
編）』（2023年刊行予定）を加筆修正することによって執筆した。

序章　都市を観る視点——都市の社会構造と空間構造

1. はじめに

（1）都市の社会空間構造の可視化

　本書の目的は、①戦後の日本の都市社会における社会空間構造の変化を、データ（evidence）に基づいて描き出すこと、②国内外の地域の比較研究を、時系列比較を含めて可能とする、地域メッシュデータを用いての分析方法がもつ可能性を論じること、にある。

　戦後の日本社会は、高度経済成長期において三大都市圏への人口の集中が始まり、大都市圏と地方都市との格差が生じ始めた。第 III 部「戦後日本都市の社会空間構造」においてデータを提示しつつ詳述するが、オイルショックを契機に始まった経済低成長期には、東京圏と京阪神圏において郊外化が進行した。広大な関東平野に位置する東京圏は、日本全国から就業・就学のチャンスを求めて流入する人々を受け入れ、郊外へと宅地を延ばした。大阪、京都、神戸の 3 都市を核とする京阪神圏においても、郊外に宅地が造成され都市圏の人口が膨れ上がった。バブル経済期には三大都市圏への人口の集中はさらに進行した一方で、東北、中国・四国、九州地方では人口が減少した。経済低成長期から始まった少子高齢化が、三大都市圏から遠く離れた地域において、より急激に進行したのである。最多の人口量となった 2005年以降、日本社会は人口減少というフェーズに移行した。にもかかわらず、東京圏は 2020 年現在でも人口が増加している。

　高度経済成長期を経て、日本社会は「一億総中流社会」といわれるようになった。「国民生活に関する世論調査」における、「上」と「下」以外と回答した者の比率の高さが、主にその根拠とされてきた。しかし

ながら、バブル経済期の頃から、中流層が経済的に豊かな階層と、そうではない階層に分化するという社会階層の分化によって、一億総中流社会の分解が指摘され始めた。経済的不平等が生じていることに警鐘を鳴らす研究が多くなされるようになり、格差社会の到来が指摘されるようになった。

戦後の日本社会に生じた、日本社会のボリュームゾーンを構成した中流層の生成と分解は、社会階層の分極化という社会構造における格差をもたらした。それだけではなく、経済的な豊かさと人口が東京大都市圏を頂点とする日本の各都市間のヒエラルキー構造に従って配分されるという、空間構造における格差をももたらしたのである。

社会構造における格差と空間構造における格差は、大都市圏の内部にも存在する。東京圏を例に挙げるならば、都心部を構成する東京23区と、それを取り巻く郊外、他の都市圏との接点となる周縁部では、富と人口の集積の度合いは異なる。さらに、東京23区においても、山手と下町では伝統的に格差がある。郊外に目を向けても、高度経済成長期の頃から開発がなされた多摩地域と、近年開発が進んだつくばエクスプレス沿線の住宅地とでは、富と人口の集積の度合いは異なっている。

本書では、このような社会構造および空間構造における変化が、いつごろ、なぜ、どのように、生じてきたのかを、国勢調査、経済センサスなどのデータ（evidence）に基づいて論じることを第1の目的としている。

（2）表章単位としての標準地域メッシュ

地理情報システム（GIS: Geographic Information System）が登場してから、大量の社会地図を用いて、都市空間に生起するさまざまな事象を描き出すという記述的な研究が大量に蓄積された。犯罪発生地点といったポイントデータももちろん利用されるが、国勢調査や経済センサスなどのデータも利用されている。

後者のデータは、第3章「社会地図による社会空間構造の可視化」

において詳述するが、都道府県や市区町村などの自治体単位や、町丁目・大字という小地域を単位としても表章されている。これらのデータは、表章項目が多岐にわたり豊富であるという特徴を持つ。しかしながら、平成の大合併のような町村合併が行われると境界が変化してしまうため、時系列比較は困難をともなうこととなる。さらに、各自治体のサイズが異なるため、地域間の比較研究に用いる場合にも、結果の解釈が困難となることが多い。特に国際比較研究を行う場合、国や地域によって自治体のサイズが異なるため、比較対象地域をどのように設定するかが悩ましい問題となる。

　国勢調査や経済センサスは、地域メッシュ統計としても表章されている。標準地域メッシュ（3次メッシュ）は、緯度と経度を基準として設定されている。そのために、基本的には複数時点に対してそのまま比較を行うことができる。ただし、地域メッシュ統計は、統計区ごとに集められたデータをメッシュに加工することによって作成するため、表章項目が自治体単位のデータよりも少ないというデメリットもある。また、経済格差を論じる際に必要な世帯収入データは、国勢調査では調査されていないため、地域メッシュ統計においても収録されていないという問題も抱えている。さらには、大都市圏といった広域を扱う場合ケース数が膨大となり、計算や描画においてPCに大きな負荷がかかり、扱いは簡単ではない。

　それらのデメリットや困難性を踏まえた上で、本書では、国内外の地域の比較研究を、時系列比較を含めて可能とする地域メッシュデータを、多くの分析において用いた。地域メッシュデータを用いて、戦後日本都市の社会空間構造とその変動を明らかにすることを通して、地域メッシュデータを用いての分析方法がもつ可能性を論じる。これが本書の第2の目的である。

2. 本書の構成

(1) 先行研究の動向

本書は、序章と 3 つのセクションからなる。

序章では、研究の目的と方法を明らかにした後、本書の構成の見取り図を読者に提示する。これに続く第 I 部では、都市の社会構造および空間構造を明らかにすることを試みた国内外の先行研究について概説する。都市の社会空間構造に関する研究の源流は、アメリカのシカゴ学派都市社会学に求めることができる。

第 1 章では、欧米における都市社会空間構造研究の動向についてまとめた。急速に産業化・都市化が進行した 20 世紀初頭のシカゴで起きていた社会現象を記述し、説明するために社会調査としての地図づくりが開始された。それぞれの地図は各々の社会的現実を描いてはいるものの、それらは断片的であり都市社会の全体構造を明示してはくれない。そこで、社会地区分析という研究方法が開発され発展することとなった。その後の、フォーディズムの時代、そしてポスト・フォーディズムの時代を経て、社会構造は上流階級と下層階級とに分極化され、社会構造の分極化は空間構造の分極化をももたらした。このような、社会空間構造の分極化を記述し、説明する方法として社会地区分析はさらなる発展を遂げることとなった。

欧米での研究成果を取り入れる形で、日本における都市社会空間構造研究は、第一世代の都市社会学者によって開始された。第 2 章では、日本における都市社会空間構造研究の動向についてまとめた。第二世代の都市社会学者の主要な関心は第一世代とは異なり、社会の近代化の重要な一側面である都市化 (都市社会変動) の中で具体的で安定した人間関係の構造は、どこが変化し、どこが変わらないのか、に向かっていった。しかしながら、第二世代の都市社会学者のひとりである倉沢進は、社会空間構造に対する関心を失わず、「東京の社会地図」第 1 次プロジェクトを立ち上げ、9 年の歳月をかけて『東京の社会地図』を出版した。その後、これに続く第 2 次プロジェクトが倉沢・浅川に

よりなされ、『新編東京圏の社会地図 1975-90』が刊行された。これらの 2 つのプロジェクトは、東京圏の社会空間構造の記述を主たる目的としていた。

(2) 実証研究より得た知見

　第 II 部では、戦後日本の諸都市の社会空間構造が、どのように形成され、どのような構造をなしているのかを、地域メッシュデータを用いた社会地図研究によって明らかにすることを試みた。本書ではまず、東京 23 区の社会空間構造とその変化の分析（第 4 章）と、東京圏の社会空間構造とその変化の分析（第 5 章）を行った。本書では、東京の社会地図第 2 次プロジェクトが分析した 1990 年以降の変化について分析がなされた。その結果、少子高齢化といった日本社会全体を席巻している社会変動については、東京 23 区・東京圏のどちらもその影響を同様に受けていることが明らかとなった。一方で、地域別に異なる変化もまた見出された。都心部においては、1990 年から 2010 年にかけて、職業構造が両極化し、技能・所得水準が中程度のマニュアル労働者層が減少した。サービス産業就業者の大量の集積と、それを担う新中間層と労働者階級の都心におけるセグリゲーションが現れた。周辺部においては、経済のグローバル化にともなう国内外での分業体制の進展という社会変動の影響を受け、茨城県南部への製造業の集積と千葉県などへの物流施設の集積という構造が現れた。

　次に、三大都市圏に人口を供給し続けてきた地方都市の社会空間構造の分析を行った。北陸新幹線および九州新幹線により、東京大都市圏、名古屋大都市圏、京阪神大都市圏という三大都市圏に直結している地方都市の社会空間構造の変化を分析した（第 6 章）。その結果、新幹線によって三大都市圏に直結している地方都市では、人口量も多く、生産年齢人口比率も高く、今後も人口の再生産が行われ社会の存続が見込まれる地方都市が多く見られた。その一方で、新幹線によって三大都市圏に直結していない地方都市は、人口密度が高い地域はまばらとなり、老年人口比率が高く、今後の地域社会の存続可能性が困難に

なることが危惧された。

(3) 戦後日本都市の社会空間構造

　第Ⅲ部では、戦後日本都市の社会空間構造の形成過程について述べた。これまで分析してきた東京圏および地方都市の社会空間構造は、戦後の日本社会が経験した、いかなる社会変動の影響を受けて形成されてきたのか。戦後日本都市の社会空間構造の形成過程を最後に概観した（第7章）。第二次世界大戦後、高度経済成長期を契機に、地方都市から三大都市圏への人口の流入が生じた。続く経済低成長期では、地方都市でも人口増加が見られるようになったものの、三大都市圏への人口集中というトレンドは変化がなかった。バブル経済期になると、再び三大都市圏から空間的に離れた地域の人口が減少し始め、一方で三大都市圏への人口の集中はますます進んだ。そして、人口総数のピークを過ぎた平成不況期となると、人口増加は主に東京圏のみで見られ、それ以外は軒並み人口減少を経験することとなった。

　高度経済成長期からバブル経済期までは、就学・就業のチャンスを求めて東京圏、なかでもその中心である東京都心部へと流入した人々は、家族を形成するライフステージに達すると住宅を求めて郊外へと移動した。その後、バブル経済が崩壊し、平成不況期へと時代は変化するが、それにともなって郊外化もそのスピードを緩めていった。これは、東京23区を中心とする都心地域が再び居住地として再利用されるようになったことによる。このようにして、本書第4章および第5章で描き出した東京23区および東京圏の社会空間構造は形成されてきた。

　一方、東京圏を含む三大都市圏に人口を供給し続けてきた地方都市においても、社会空間構造が大きく変化してきた。経済低成長期までは、それぞれの地方都市固有の産業基盤が地方都市の人口を支えていた。しかしながら、グローバル化が進展し、脱工業化へと産業構造が変動し、200海里漁業水域を導入したことなどにより、地方都市固有の産業基盤が揺らぎ、それに代わって新幹線によって三大都市圏に直

結することが地方都市の生命線となっていった。このようにして、第6章で描き出した地方都市の社会空間構造は形成されてきたのである。

（4）社会空間構造可視化の方法論

　本書で用いたデータは、一般に公開され販売されている。したがって、データを購入すれば誰もが本書と同じ分析を実行することが可能である。にもかかわらず、これまで社会地図による社会空間構造の可視化の試みが、都市社会学、社会階層論をはじめとする連字符社会学において、積極的に行われてはこなかった。その理由のひとつは、可視化のための方法論を紹介した文献がなかったことによると思われる。

　そこで本書では、第II部の分析結果を得るために必要な、社会空間構造の可視化のための道具であるGISがどのような道具であり、何ができるのかを、第3章で紹介することとした。さらに、一般に公開され販売されているデータにはどのような種類があり、それぞれにどのような特徴があるのかについても、概説した。また都市圏を設定する際に必要な距離の計算や、社会地図を読み込むために必要なオーバーレイといった機能についても、それらの機能がなぜ必要で、どのような場面で用いるべきかがわかるように記述した。本書で扱っていない地域の社会空間構造を知りたいと望まれる方には、第3章を参考にしてご自分で社会空間構造を可視化されることをおすすめしたい。

　本書は、序章を皮切りにして第1章から順に読むことによって、都市社会空間構造研究の流れを理解した上で、東京圏および地方都市圏の実証研究に触れ、最後に戦後日本都市の構造変化の中でもう一度、東京圏および地方都市圏の変化を位置づけることができるよう、構成されている。したがって初学者には目次の順番どおりお目通しいただくことをお勧めしたい。ただし、最新データから見た東京圏および地方都市圏の姿をまず知りたいという方は、第II部から読んでいただくこともできる。そして社会地図研究に興味を持たれたならば、第3章を参考にして、ご自分の興味のある都市の社会空間構造を可視化し、都市を観ることをお勧めしたい。

第Ⅰ部

社会地図研究の動向
―歴史と活用方法―

第1章　シカゴ生まれの欧米育ち

1.　社会地図から社会地区分析へ

(1) 3つの時代区分

　社会地図を用いて都市の社会構造および空間構造を可視化する研究（以下、都市社会空間構造研究と呼ぶ）の源流は、アメリカのシカゴ学派都市社会学に求めることができる。シカゴで生まれた都市社会空間構造研究はその後、欧米諸国において発展を遂げた。本章ではまず、欧米における都市社会空間構造研究の動向についてまとめることとする。

　都市社会学を内包する社会学は、近代都市の出現と時を同じくして生まれた。都市に誕生した近代社会において生起している事象を記述し、説明することを目的として、社会学は発展を遂げてきた。人々の行為の積み重ねから社会が生まれ、と同時に、社会からの影響を受けながら人々が行為を行う。人々の行為が都市を形成し、都市という環境から物理的にも社会的にも影響を受けながら人々の日常生活世界が形成される。都市に関する言説は、都市と人間が織りなす社会状況についての観察と洞察から成り立っている。時として恣意的ともなり得るそれらの言説に知的刺激を受けながらも、都市社会学者たちは刻々と変化する社会の姿を可視化し説明する社会調査の知識と技術を磨き上げ、都市社会学を社会科学として発展させてきた。

　近代社会の誕生から今日までの都市社会学の歴史的展開を概観するためには、資本主義世界経済の蓄積様式の変遷に基づく3つの時期区分を用いることが妥当であると指摘されている（玉野 2020）。近代社会の誕生から1929年の世界恐慌までは「①帝国主義」の時代、1973年の石油ショックまでは「②フォーディズム」の時代であり、その後は

「③ポスト・フォーディズム」の時代とされている。都市社会学の議論としては、このそれぞれの時期について、①都市化の時代、②郊外化の時代、③世界都市の時代が、それぞれ対応するといわれている。本書でも、この時代区分を踏襲して議論を進めていく。

(2) 社会調査としての地図づくり

都市社会空間構造研究は、都市社会学におけるひとつの研究領域として、①帝国主義の時代（都市化の時代）から②フォーディズムの時代（郊外化の時代）にかけて生まれ、今日まで発展を遂げてきた。この研究領域を生み出したのは、シカゴ学派すなわちシカゴ大学の社会学者たちであった。

シカゴという町が法制度上の「都市」となったのは 1837 年のことであった。ミシガン湖畔の小さな港町で、当時の人口は約 4,000 人であった。1850 年には人口が約 3 万人となり、1860 年には約 10 万人、1880 年には約 50 万人を超え、1890 年には約 100 万人を超え、ニューヨークに次ぐ全米第 2 位の都市へと成長した。1850 年からの 40 年間で人口が 30 倍超に増加したことから、自然増加が人口増加の主要因ではなく、社会増すなわち大量の人口流入がこの間にあったことがわかる。1850 年代には大陸横断鉄道の建設が進められ、それを利用して、北米中西部の農村地帯から農畜産物を集荷しシカゴで加工、そして東部のニューヨークなどの大都市へと出荷した。また、ミシガン湖をはじめ五大湖の水運を利用し、カナダなど北部から鉄鉱石と木材を運び、農機具や鉄道車両などの製造を行ったり、工場や住宅などの建材として用いたりした。

当時、シカゴに流入した人々は、スカンジナビア系諸民族、アイルランド人、ドイツ人、ポーランド人、東欧系ユダヤ人、イタリア人、チェコ人などであり、1890 年までにシカゴの人口の 78% が外国生まれか、その子孫であったと報告されている（Mayer and Wade 1969:152）。さまざまな人種、民族からなる都市社会は、従来の村落社会とは異なる解体的状況にあった。シカゴが経験している大量の人口流入、民族

問題、犯罪・非行問題を可視化するために、シカゴ大学では大学院生たちに、街へ出て都市に見出されるあらゆるプロットできるデータを地図化するように求めた。

スラッシャーはシカゴの地図上に、クラブルームを持つギャングの居場所に▲を、クラブルームを持たないギャングの居場所に●を、合計 1,313 個プロットした（Thrasher 1927）。その結果、中心業務地区と住宅地区の隙間にギャングの居場所が集中していることを明らかにした。大人たちに養育される「子ども」ではない、かといって「大人」でもない青少年によって構成されるギャングは、「大人」と「子ども」の隙間集団である。と同時に、「大人」たちが構成する「移民社会」にも馴染めず、しかし「アメリカ社会」にも同化しきれない、「移民社会」と「アメリカ社会」の隙間に位置する集団でもある。このように社会構造の隙間に位置する集団が、空間構造においても隙間に位置していることを、スラッシャーは明らかにしたのである。

モウラーは家族解体（Family Disorganization）を描き出すことを試みた（Mowrer 1927）。モウラーは 1919 年の離婚訴訟数と 1921 年の家族遺棄申立件数を調べ、それらを家族解体の指標として用いた。当時、シカゴの 70 のコミュニティ区域には 5 つのタイプの家族が見出されていた。Non-family Area, Paternal Family Area, Equalitarian Family Area, Maternal Family Area, Emancipated Family Area である。このうち、Emancipated Family Area は、下宿、賄い付きアパートなどに暮らす世帯を示しており、ミシガン湖岸に分布していた。それ以外の 4 つのタイプの家族は、バージェスの同心円とほぼ重なって分布していた。推移地帯および労働者住宅地帯に重なるように Paternal Family Area が広がっており、ここでは家族遺棄が多いことが示された。その外側に位置する住宅地帯には、Equalitarian Family Area があたり、ここでは家族遺棄と離婚の両方が多かった。その外側にあたる通勤者地帯は、Maternal Family Area であり、ここでは家族遺棄と離婚の両方が少なかった。このように、家族解体もまた、社会構造および空間構造に沿う形で生じていることが明らかにされた。

ゾーボーは上流階級の住宅と、スラム地区をそれぞれ可視化した（Zorbaugh 1929）。上流階級の住宅は、『紳士録』への登載者の分布によって描き出した。一方、スラム地区については、少年非行の発生場所を地図上にプロットすることによって描き出した。上流階級の住宅は、ニア・ノース・サイドのミシガン湖岸に集中していた。そこからほぼ 1 ブロック先に、スラム地区が広がっていた。このように、社会構造において上流階級とスラムというきわめて対照的な位置にある 2 つの社会的世界が、空間的に近接して存在していることを明らかにした。

（3）同心円理論とその修正理論

　大学院生たちが街に出て収集してきた情報を地図上に書き出す。こうして描き出された大量の地図を研究室に貼り、それを眺めることにより、都市の地域区分というバージェスの地図（図表 1-1）が生み出された（Burgess 1925）。それは 5 重の同心円から構成されていた。中心に位置しているのは「Ⅰ　ループ」と命名された中心（中枢）業務地区であった。その外側は「Ⅱ　推移地区」であり、スラムが発生した場所であり、工場も立地していた。その外側は「Ⅲ　労働者住宅地区」であり、工場労働者が居住していた。その外側が「Ⅳ　住宅地区」であり、一般の住宅が存在していた。その外側が「Ⅴ　通勤者地帯」であり、市の境界線を越えた郊外地区にあたり、当時流行り始めた自家用車に乗ってループの内側にあるオフィスに出かける通勤者が暮らす郊外の高級住宅地であった。バージェスは、外側へと同心円的に都市が発展していくという理論を示したのである。植生の遷移を説明する生態学（ecology）にヒントを得て人間社会の立地選択行動の説明を試みるこの考え方は、人間生態学（Human Ecology）と呼ばれた。

　都市社会学を含む社会学で用いる「理論」という用語には、注意が必要である。社会学で用いる「理論」は、太陽が東から登って西へと沈むといった公理と同義ではない。いつの時代でも、どのような社会においても成り立つ公理のようなものを、社会現象の中から見出すこ

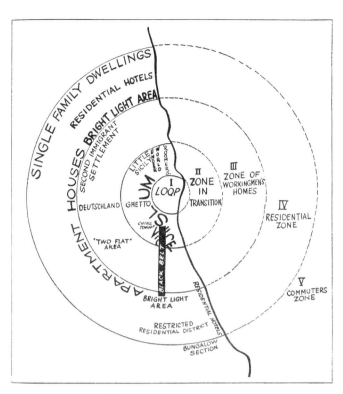

図表1-1　バージェスマップ
出典：バージェス（1925）

とは困難である。社会学が近現代社会の社会現象の中から見出そうと
していることは、ある時代の、ある社会において限定的に成立してい
るシステムやメカニズムである。社会学ではそれらを「理論」と呼ぶ
ものの、それらは実証研究によって支持されることが必要であり、そ
の意味では「仮説」として捉えるべきである。したがって、都市が外
側へと同心円的に発展していくと捉えた同心円理論は、都市社会空間
構造に対する確からしい仮説のひとつであると捉えておきたい。
　人間生態学では、主として物理的・経済的要因によって都市社会空
間構造を説明している。近代都市のおかれた環境は契約を基礎として
いることから、人間生態学に基づく同心円理論は都市の社会空間構造

と変動の説明としてかなりの程度有効であった。しかしながら、理論が発展して一般化を行う段となると、その理論の枠からはみ出す事実にぶつかるものである。ファイアレイはボストンにおける3つの地域の事例を分析し、同心円理論では説明がつかない事例があることを示した（Firey 1945）。

　1つ目の事例であるボストン・コモンは、都心の一等地にある公園である。相対的に地価の高い都心近郊は、公園として利用するより事業所や商業施設として利用した方が経済的には効率がよいはずである。しかしながら、ボストン市民の愛着のあるボストン・コモンは、今日でも開発を免れ公園として存続している。2つ目の事例であるビーコン・ヒルは、同心円理論においては推移地帯にあたる場所に存在している高級住宅街である。推移地帯は、スラム街が形成されるような場所であるにもかかわらず、ビーコン・ヒルは今日でも高級住宅街としてあり続けている。それはなぜか。ファイアレイは、家柄意識や歴史的感情といった住民の集合的感情がビーコン・ヒルという空間的表現に結晶していることにその要因を求めた。3つ目の事例であるノース・エンドは、ホワイトが著した『ストリート・コーナー・ソサエティ』で描かれた古典的貧困地域であり、同心円理論においては推移地帯にあたる場所に位置していた。ほかの2つの事例とは異なり、ノース・エンドは同心円理論を用いて解釈可能な事例であった。

　これら3事例を通してファイアレイは、都市の社会空間構造を規定している要因は、基本的には地価や家賃あるいは中心地へのアクセスといった経済的・物理的要因が挙げられることを認めた。その上で、具体的な都市に即して考えると、文化的価値や感情、シンボリズムなどの社会・文化的要因が重要になることを指摘した。このように、一般的法則としては物理的・経済的要因で立地選択行動は規定されるものの、部分的には社会・文化的要因によって修正が加えられることを示したのである。ファイアレイのこの主張は、社会文化生態学と呼ばれている。

　同心円理論を基本的には認めながらも、部分的に修正を加えるべき

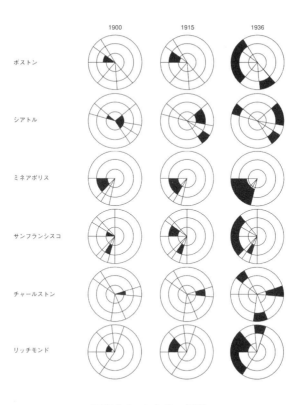

1900   1915   1936

ボストン

シアトル

ミネアポリス

サンフランシスコ

チャールストン

リッチモンド

図表 1-2　セクター仮説
出典：ホイト（1939）

とする研究はほかにもある。1900 年から 1936 年までのアメリカの 142
の都市の不動産原簿を用いて、高家賃住宅の時系列分析を行ったホイ
トの研究がその代表例である（Hoyt 1939）。ホイトは、たしかに高家賃
住宅は徐々に外側に向かって移動していたものの、すべての方向に同
じように拡大するのではなく、ある一定の方向性をもって拡大してい
ることを明らかにした（図表 1-2）。都市が外側へと発展していくとい
うバージェスの同心円理論に立脚しながらも、ホイトは発展には方向
性があるためセクター（扇）型をなすという修正理論を示したのであ
る。

このように、20世紀初頭のシカゴにおいて、社会調査としての地図づくりが行われ、何枚もの社会地図（主題図）が描かれた。それらはバージェスによって統合され、シカゴの社会空間構造に関するモデルとして示された。このようなモデルは、現実とどの程度一致しているのであろうか。それを確かめる、実証研究の手法のひとつが社会地区分析である。

（4）社会地区分析への発展

　社会地区分析とは、社会的に似通った人々が暮らす地域を社会地区（Social Area）とよび、それを統計学的に析出する分析方法である（浅川2010:54）。社会地区分析は当初、都市社会を特徴づけている大きな潮流がどのようなものであるかを考察し、それに基づいて都市の社会・空間構造を分類するという演繹的手法として出発した。

　20世紀前半の北米の都市社会は産業型社会であり、大別して3つの特性を示していると考えられていた。すなわち、(a) テクノロジーの発展にともない、専門・技術職の重要性が増大してきたこと、(b) 女性が都市的就業に進出するようになり、同時に、世帯が経済的単位としての重要性を失ってきたこと、(c) 移動性の増大と、その結果、人種や出生国によって居住空間が分化するようになったことであった。これらの特性はそれぞれ、社会的地位特性、都市化特性、居住分化特性と名づけられた。

　分析にあたってまず、これらの3つの特性のそれぞれを代表する変数群が、国勢調査の表章項目から選ばれた。次に、それらの変数を合成し、各特性を0から100の数値で表した。そして、横軸を社会的地位特性、縦軸を都市化特性とする座標平面を設定した。ここで、分析する都市社会の単位（表章単位）を国勢調査の統計区とすると、ある都市社会における全統計区は、先に設定した座標平面に位置づけられることになる。さらに居住分化特性を、平均値より高いか低いかで二分し、黒丸と白丸で描き分けると、座標平面内に布置された各統計区は3つの特性に基づき分類されることとなる。こうして得られた図を、

社会空間ダイアグラムとよび、この分類情報を地図に戻すと、社会地区の地図、すなわち社会地図ができあがる。社会地区分析は、標準化された手法を用いて総合的な都市の社会空間構造の比較研究を可能にした点で評価され、この手法を用いた研究が各地で行われた。

　にもかかわらず、社会地区分析はすぐに別の帰納的研究方法論である因子生態学にとって代わられることとなった。演繹的方法としての社会地区分析では、変数間の関係があらかじめ仮定されていたが、この仮定の妥当性が都市間比較研究の中で疑問視されたからである。

　因子生態学は、都市の社会空間構造を特徴づける要因をあらかじめ仮定するのではなく、探索的に求めていくところにその特徴がある。社会・経済・人口・住宅などの幅広い変数間の関係を因子分析により解析し、似通った変動のパターンをもった変数の集団を、都市の社会空間構造を特徴づける因子（要因）として抽出することから分析を開始する。因子構造が明らかにされた後は、先に述べた演繹的方法としての社会地区分析と同様に、表章単位を分類し、それを地図に反映させることにより社会地図を作成したのである。この因子生態学の手法を用いた研究もまた各地で行われ、大多数の都市の居住分化が第1次元である社会経済的地位、第2次元である家族的地位、第3次元であるエスニック的地位によって支配されるという、因子構造の一般的法則が示された。

　これらの次元構造は、分析に使用された変数と統計的解法を変えても、それにかかわらず安定しているとされてきた。さらに、これらの次元の空間的表現もまた、都市が変わり、国勢調査の時点が変わっても普遍的・共通的なパターンをもっているといわれてきた。それは、社会経済的地位次元がセクターパターンを示し、家族的地位次元が同心円パターンを示し、エスニック的地位次元がクラスター型のパターンを示すというものであった（図表1-3）。

　そして、これらの次元が、異なったタイプの社会において異なった様式で結合することによって、多様な都市構造が生まれるとする、社会構造の発展段階論も提唱されるに至った。ただし、これらの一般法

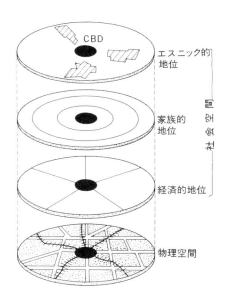

図表 1-3　因子生態学による都市空間構造の理念的モデル
出典：ノックス（2013）

　則は個々の具体的な都市に即して考えると、ファイアレイがボストン
で行った研究が示すように、社会・文化的要因によって大きく修正さ
れることは言うまでもない。
　都市の社会空間構造の一般的法則を導き出す試みに非常に大きな貢
献をした因子生態学であったが、いくつかの未解決な問題をはらんだ
まま今日に至っている。第一に、分析に用いられた変数が国勢調査の
データに偏っており、人々のライフスタイルを測定するような変数が
見過ごされがちであること、第二に、研究の対象範囲および表章単位が
現実の居住空間パターンと一致しない可能性があること、第三に、少
数の大きな負荷量の変数のみによって因子を解釈すると、負荷量の小
さな変数を無視することになり、因子構造の解釈が粗雑になる可能性
があること、などである。

2. 社会階級の地理的分布

(1) 労働のフレキシビリティ

1973年の石油ショックを契機に、②フォーディズムの時代（郊外化の時代）は終焉を迎えた。大量生産、大量消費に支えられたフォーディズムは、大量の原材料およびエネルギーの消費と、大量の廃棄物の発生を前提としていた。石油ショックにより、大量のエネルギー消費という前提が崩れた。また、地球環境が、大量の廃棄物を恒常的に受け入れることができないことも、この頃には衆目に明らかとなった。

これを契機に、時代は「③ポスト・フォーディズムの時代（世界都市の時代）」へと大きく変化を遂げた。フォーディズムのシステムの深刻な問題は、石油ショックとともに社会に訪れた市場と技術の劇的な変化を前にして硬直的なことであった。したがってフレキシビリティが、フォーディズムのシステムをいわゆるポスト・フォーディズムのシステムへと作りかえるさまざまな変化の基礎となる要素となった。

労働のフレキシビリティは、雇用形態、賃金、そして機能の面から考察することができる。市場の条件に対応して生産の量や方法を調整するために、企業は長期雇用のベテラン従業員ではなく、一時雇用の労働者を求めるようになった。一時雇用という雇用形態は、フォーディズム時代においては非典型的であり標準的ではないと考えられてきたが、ポスト・フォーディズム時代においては、この雇用形態が数量的に膨大に必要とされることとなったのである。

一時雇用の労働者は、長期雇用のベテラン従業員とは異なり、賃金の低価格競争にさらされる。企業は、より低賃金で、なおかつ高い生産性を示す一時雇用労働者を雇用することにより、労働コストを引き下げ市場での競争に勝とうとする。高い生産性を示したとしても、高い賃金を要求するようになれば、その労働者を解雇し、別のより低賃金で働く一時雇用労働者を雇用することになる。このようにして、一時雇用の労働者は、賃金の低価格競争にさらされることとなる。

一時雇用労働者たちはさらに、「第三次化（tertialization）」という流

れに飲み込まれていった。第三次化とは、「分業が流動的になって、職場が家庭や公共の場にまで広がり、労働時間が変動し、人々がいくつかの仕事上の地位を併せ持ち、いくつかの契約を同時に結ぶようになること」（スタンディング 2016:57）を指す。すなわち、一時雇用労働者たちは、機能的にもフレキシブルになることが求められるのである。

（2）社会構造の分極化

　ポスト・フォーディズムの時代においてアメリカでは、労働者階級の下に「アンダークラス」が形成されていることがウィルソンによって指摘された（ウィルソン 1999）。ウィルソンによれば、「アンダークラス」とはアメリカにおける主流の行動パターンと規範から逸脱した集団であり、中産階級と労働者階級がインナーシティから脱出すればするほど、「アンダークラス」がインナーシティに集積するようになると指摘されている。このように、「アンダークラス」概念において重要な点は、集積効果と社会的孤立であった。

　一方、新自由主義の労働市場におけるフレキシビリティの追求の動きの中で生まれた新しい社会階級概念である「プレカリアート」は、イギリスで生まれた。プレカリアートは、形容詞「不安定（precarious）」と名詞「プロレタリア（proletariat）」を組み合わせて作成された新しい単語である（スタンディング 2016）。プレカリアートは「エリート階級」「サラリーマン階級（サラリアート）」「専門技術職階級」「労働者階級」の下位に位置する階級であるとされた（スタンディング 2016:12）。プレカリアートは、7種類の労働安全保障を欠いている人々と定義することができる。正確に数えることはできないが、多くの国では、成人人口の少なくとも4分の1がプレカリアートであると推定されると指摘されている（スタンディング 2016:36）。

　また、サヴィジは、プレカリアート概念を使用して、イギリス社会が7つの社会階級で構成されていることを明らかにした（サヴィジ 2019）。7つの社会階級とは、「エリート階級」「確立した中流階級」「技術系中流階級」「新富裕労働者階級」「伝統的労働者階級」「新興サービス労働

者階級」「プレカリアート」であった。

(3) 地域格差の地理的分布

　社会構造の分極化は、空間構造の分極化をももたらす。社会階級は地域的に偏在し、地域格差が生じる。この地域格差を是正するためにはまず、どのような格差がどこに、どの程度存在しているのかを定量的に分析する必要がある。

　そこで、空間パターンにどの程度クラスター（群、塊）があるのかを、定量的に評価する指標として、Moran's I や Geary's C といったグローバルな空間的自己相関の測度が開発された。グローバルな空間的自己相関とは、分析対象地域全体の中にどの程度のクラスターがあるかを示す指標である。

　Moran's I はピアソンの相関係数同様 −1〜1 の値をとる。1 に近ければ分析対象地域全体の空間パターンには何らかのクラスターが存在し、−1 に近ければバラバラでありクラスターは存在しないと判断することができる。グローバルな空間的自己相関は、分析対象となる地域全体のクラスタリングの程度を示すことはできるものの、局所的なクラスターは検出できない（Getis & Ord 1992）。たとえば、イギリスを分析対象としてグローバルな空間的自己相関の測度を計算すると、その値はイギリス全体の中にどの程度クラスターがあるかを示してはいるものの、グレイター・ロンドンにクラスターが集中しているのか、ロンドンやリバプールのような都市にクラスターが集中しているのか、示してはくれないのである。

　この点を考慮に入れて開発されたのが、ローカルな空間的自己相関指標（Local Indicator of Spatial Autocorrelation: LISA）である（Anselin 1995）。LISA は各観測地点におけるクラスタリングの程度を定量的に評価する指標である。サヴィジは、この LISA を用いてイギリスを分析対象として分析を行った結果を紹介し（図表 1-4）、①ロンドン市内とその周辺、さらにはイングランド南東部により広くエリート層が集中していること。その一方で、②イングランド北部の大部分にはエ

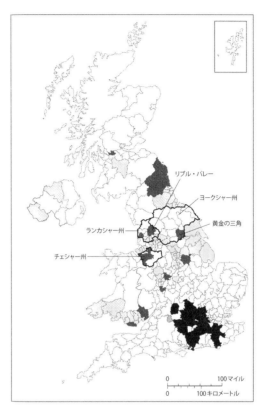

図表 1-4　富裕なエリート階級の地理的分布
出典：サヴィジ（2019）

リートの空白地帯が多く、特に、ランカシャーやヨークシャーでは予
想よりもエリート層が少ない。ただし③チェシャーとリブル・バレー、
それにヨークシャー地域の「黄金の三角」といわれるヨーク、リーズ、
ハロゲートを結ぶ区域にはエリートの集中が見られたと述べている
（サヴィジ 2019:248）。

　このように、社会空間構造の分極化を記述し説明する方法が、近年、
欧米における都市社会空間構造研究においても行われるようになって
きた。

第2章　日本での研究蓄積

1．社会構造論

(1) 第一世代の都市社会学者

　日本における都市社会空間構造研究は、欧米での研究成果を取り入れる形で、第一世代の都市社会学者によって開始された。日本の都市社会学者の第一世代として代表的な社会学者は、奥井復太郎、磯村英一、鈴木栄太郎の3名である。奥井復太郎は1940年に『現代大都市論』を著し、現代の都市は資本主義経済の支配的中心であり、それは人やモノの動きの増大に表現されている、と指摘した。磯村英一は、第3の空間という概念を提起し、スラムや売買春など社会病理と呼ばれた諸現象や、盛り場や繁華街などの現象にこそ都市の本質がある、と指摘した。鈴木栄太郎は、結節機関説という概念を提起し、都市は全体社会の社会的交流を結ぶ機関や設備が存在する場所であることを指摘した。また、正常人口の正常生活という概念を提起し、安定した生活を営む人々の生活構造を研究する必要があることを指摘した。

　これらはいずれも、都市社会がどのような構造をしているかというマクロな関心に基づく研究であったと考えることができる。つまり、日本の都市社会学第一世代はマクロな関心を強く抱いていたことがわかる。

　まずは、奥井の『現代大都市論』の概要をみてみよう。奥井は、東京の大都市的発展は外形的には郊外地の開発展開であり都心地の整備であり、同時に交通網の完成であったと述べている。都心は、資本主義経済活動の支配的中心である。とすると、都心に住居を求めそこで暮らすということが困難となる。なんとなれば、企業も経済活動にとっ

て利便性が高い都心の土地を入手しようとするから、それとの競争に勝ち住居を手に入れるのは困難だからである。となると、人は郊外で生活せざるを得なくなる。郊外で寝起きし都心で働くためには、両者を結ぶ交通機関がぜひ必要となる。交通機関を整備し、郊外住宅地を整備することによって、郊外に人が暮らすようになる。このようにして大都市は郊外化とともに発展したのである。奥井は大都市の発展を支えるこのようなメカニズムをあざやかに描き出した。

　次に磯村についてみよう。1953 年に出版した『都市社会学』は残念ながらこれまであまり高い評価を与えられてこなかったが、ここではこの著作を取り上げてみたい。磯村も都市社会の構造に強い興味を抱いていた。「都心に対する昼間移動人口の分布」と題された地図をみてみよう（図表 2-1）。

　都心に対する昼間移動人口が多い地域を大きな円で、少ない地域を小さな円で示した地図である。荒川、足立、墨田、台東、葛飾といっ

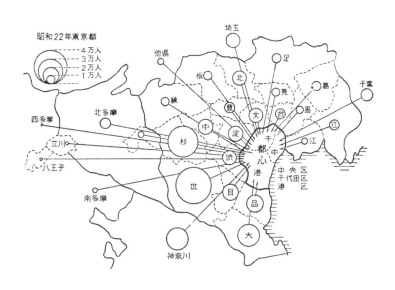

図表 2-1　都心に対する昼間移動人口の分布

出典：磯村（1953）

た地域では、家内工業ないし軽工業が発達していた。これらの地域では人々は、住んでいる家で家内工業をしていたり、家の近くの町工場で働いていたりするので、都心へ通勤する必要がない。また、他地域の人々がこれらの地域まで通勤し働くといったことも起こらない。したがって、昼間に他の地域から人々を集める人口吸収力が弱い。

　それに対して、当時郊外住宅地となり始めていた杉並区や世田谷区において、昼間移動人口が多いことが明示されている。世田谷に住んでいるのだけれども、世田谷で働くのではなく都心に通っている。昼間は都心で働き、夜と週末は地域社会で過ごす。家庭ないし地域社会を第1の空間、学校や職場を第2の空間とすると、それらとは異なる盛り場や繁華街などの第3の空間が都市社会に出現することとなる。この第3の空間にこそ都市の本質があると磯村は指摘した。

　鈴木栄太郎は、現実に動きつつある日常生活の中から生きた社会関係をありのままに捕捉するために、人の動きを調べ、「北海道における社会構造の研究——社会地区の設定」という論文にまとめている。その論文に掲載されている「鉄道旅客より見たる地域区分」という地図をみてみよう（図表2-2）。

　この論文が執筆された当時は、鉄道を利用するためには、乗車駅と降車駅が明示されている切符を購入しなければならなかった。この切符の販売情報をデータとして、鈴木は人々がどこからどこへ移動しているかを調べたのである。その結果、小樽、室蘭、苫小牧、夕張で暮らす人々は、札幌には出かけているものの、旭川や函館といった都市にはあまり出かけていないことが明らかになった。すなわち、小樽と札幌の間には社会関係の累積が認められ、旭川と富良野の間にも社会関係の累積が認められる。このとき小樽と札幌をひとつの「社会的統一」とみなし、また旭川と富良野をもひとつの社会的統一とみなす。このようにして小樽と札幌の一地区と、旭川と富良野の一地区を区画しうる。この区画のことを鈴木は社会地区と呼んだ。

　これをさらに細かく見ていくと、小樽はその周辺の地域とでひとつの小さな社会地区を形成しており、小樽はその中核都市となっている

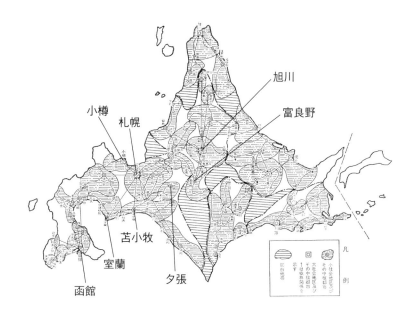

図表 2-2　鉄道旅客より見たる地域区分
出典：鈴木（1953）
引き出し線と終点の地名は引用者が加筆

ことがわかる。小樽のような中核都市の上位に、札幌のような大都市が位置づけられていることがわかる。このように、人々や地域社会を結節する機能と機関に着目したので、結節機関説といわれる。

（2）都市社会構造論からコミュニティ論へ

　日本の都市社会学の基礎を築いた3人の学者に共通する研究テーマは、都市社会の構造を明らかにするという都市社会構造論であった。「都市社会構造を、具体的な社会現象の背景をなす、さまざまな社会的諸条件、つまり人々とモノの地理的分布、経済体制、社会階層として想定していた（中筋 2002: 85-86）」といえよう。すなわち、マクロな視点から見ることが必要だと考えていたことがわかる。

　しかしながら、都市社会学者の研究上の関心は、そのような社会構

造に対する関心から、次第に別の関心へと移ってゆく。中筋直哉によれば、地理的分布や経済体制、社会階層、個人の生活構造の問題も、中心的課題から外される。社会の近代化の重要な一側面である都市化（都市社会変動）の中で、具体的で安定した人間関係の構造は、どこが変化し、どこが変わらないのか、に関心を寄せて行ったのである（中筋 2002: 85-86）。なぜ、そのような変化が起こったか。

　当時の都市社会学者が研究の対象としていた都市社会とは、敗戦直後の混乱から、スラムの問題や売買春などさまざまな都市問題が発生していた社会であった。そのため、都市社会の構造を明らかにすることよりも、現実に存在する実態としてのコミュニティにおいて、どのような社会関係が形成されており、どのような問題を抱えているか、それを分析することが急務であった。町会、町内会、自治会といった地域集団の相互の関係に関心が移り、コミュニティ論のような、都市社会を独立変数とし、住民組織や社会関係を従属変数とする研究へと傾斜していった。つまり、目の前で起こっている緊急の課題に答えるために必要な研究へとシフトしていったのである。したがって、マクロな関心からミクロな関心へと変化し、両者をつなぐという発想には残念ながら至らなかったのである。

2. 社会学における社会地図研究

(1) 第 1 次プロジェクト

　日本の都市社会学者第二世代の中で、マクロな関心、すなわち社会構造と空間構造に関心を寄せていたのは、倉沢進である。倉沢は、日本の都市社会学者として初めて社会地図を用いた研究成果を『東京の社会地図』として世に問うた（倉沢 1986）。倉沢は、1977 年に滞在中のロンドンで目にしたロンドン社会地図がきわめて優秀な社会学的ガイドであることに感心し、社会地図が地域の社会構成を明瞭に示してくれることに気づいた。帰国した倉沢はさっそく東京の社会地図を作る作業に取り組み、東京都 23 区を対象として、1970 年と 1975 年時点

の 4 次メッシュ（500m メッシュ）を表章単位として、9 年の歳月をかけ『東京の社会地図』を出版した。

　この第 1 次プロジェクトの主な知見は、①都心地域は中心業務地区が占め、東京都 23 区周縁部には新興住宅地が偏在するというように、土地利用は同心円構造をもつこと、②人口の年齢構成については、高齢者ほど都心地区に多く、若年層ほど周辺地区に多いというように、同心円的に分布すること、③社会階層別の居住分化という観点から見ると、東京都 23 区の西南西側が高階層によって、東北東側が低階層によって占められているという一種のセクター型を示していること、であった。

(2) 第 2 次プロジェクト

　このプロジェクトを発展的に継承したのが第 2 次プロジェクトであった。倉沢進・浅川達人らが行った東京の社会地図研究の第 2 次プロジェクトにおいては、国勢調査などのセンサスデータを使用することはもちろんであるが、それに加えて社会階層の空間構造の変化を探る目的で高額納税者名簿と官報に掲載された行旅死亡人公示広告を、また外国資本投入のフロンティアを析出する目的で外資系企業総覧を、データ収集のための資料として採用した（倉沢・浅川 2004）。また、第 1 章第 1 節（4）（p.20）で指摘した因子生態学が抱えていた第 2 の課題、すなわち分析に用いられた変数が国勢調査のデータに偏っており、人々のライフスタイルを測定するような変数が見過ごされがちであるという課題を克服するために、住民のライフスタイルを少しでも捉えることを目標として、投票行動や、外出行動の記録であるパーソントリップ調査のデータも分析に加えられた。対象範囲は東京圏を十分に内包している範域、すなわち、1 都 3 県に茨城県南部を加えた範囲とし、市区町村を分析・表章の単位とした。ただし東京 23 区については、4 次メッシュ（500m メッシュ）を表章単位として採用した。

　さらに、因子生態学が抱えていた第 3 の課題である因子分析結果の過剰解釈を避けるために、社会地区を析出する手法としては KS 法クラ

スター分析が用いられた。分析・表章の単位とした小地域（市区町村、メッシュ）は、n 次元空間（n＝投入変数の数）の中の点で表現されるため、投入したすべての変数の効果が等しく考慮されることとなる。その各単位地区を、n 次元空間内における点同士の近さに基づいていくつかのまとまり（クラスター）に分類していく。その結果、同じクラスターに属する単位地区同士は類似しており、別のクラスターに分類された単位地区同士は似ていないという、単位地区の類型分類が得られる。また KS 法クラスター分析は、ある基準を設定し、それを一定のルールに従って改善することにより、最適解を得る方法、すなわち非階層的クラスター分析である。そのため、クラスター数の決定が分析者の主観的判断に委ねられるという、一般的に用いられる階層的クラスター分析に対してなされる批判は、この方法には当たらないという利点をもつ（浅川 2008）。

　倉沢・浅川らが行った東京の社会地図研究は、社会空間ダイアグラムに基づく社会地図とは異なり、帰納的方法としての社会地区分析であった。この研究の知見は大別すると以下の 3 点であった。①東京 23 区に見られた東北東のブルーカラーセクターと西南西のホワイトカラーセクターというセクター構造は、東京圏に存在するブルーカラーベルトとホワイトカラーベルトの基部であることを明らかにした。②東京圏は大きくは同心円構造によって構成されており、中心に複合市街地があり、それを囲むように人口再生産地域が広がり、その周りに農山村が広がっていた。③ 1990 年という脱工業化・世界都市化が進行した東京圏を対象として分析しても、東京圏の周辺部に工業地域が分厚く堆積していた。

3.　地理学における社会地図研究

　帰納法としての社会地区分析は、都市社会学のみならず地理学においても行われてきた。たとえば、村山祐司は「因子分析・クラスター分析併用の等質的地域区分法」を紹介している（村山 1998）。社会経済

的特性など複数の地域属性に対して因子分析を行い、得られた因子得点を用いてクラスター分析を行い、等質的地域を析出するという方法である。

　しかしながら、帰納法としての社会地区分析に基づき社会地図を描くという研究手法は、都市社会学においても地理学においても、広まることはなかった。地図のデジタル化に基づく一連の地図・地域データベースである地理情報システム（Geographic Information System: GIS）が発展した1980年代後半以降、大量の社会地図を用いて都市空間に生起するさまざまな事象を描き出すという研究手法が一般的になっていった。

　富田和暁・藤井正は、日本の三大都市圏を取り上げ、その地域構造とそれに関連する諸現象を概説することを目的として、29名の地理学者の研究成果をまとめた概説書を刊行した（富田・藤井2001）。その中で、1990・1995年の国勢調査の地域メッシュ統計に基づき、東京大都市圏、中京大都市圏、京阪神大都市圏の構造を分析した矢野桂司は、管理的職業従事者比率、女性労働力比率、外国人比率、高齢者人口比率という複数の社会地図として用いて、三大都市圏の空間構造の比較を行っている（矢野2001）。

　また由井義通らは、女性の就業を生活や都市空間と関連づけながら地理学的にアプローチすることを目的として『働く女性の都市空間』を発表した（由井ら2004）。武田祐子らは、女性のパラサイト・シングルの分布を描き出すために、分母に一般世帯に住む30歳代前半の人口を、分子に2人以上の世帯に住む該当する年齢の未婚女性人口を用いて計算し、東京都内東部において女性のパラサイト・シングル率が高いことを示した。このほかにも、職業、学歴、母子世帯率など大量の社会地図を用いて、都市空間のジェンダー化を描き出した（武田2004）。

　このように、都市空間に生起するさまざまな事象を社会地図として記述し可視化する研究は、GISの発展にともなって大量に行われるようになってきた。しかしながら、都市社会に生じている事象を記述するだけでは、社会空間構造に生じた格差という社会問題の解決にはつ

ながらない。次節では、社会問題の解決に資する都市社会空間構造研究について概説したい。

4. 社会問題の解決に資する都市社会空間構造研究

（1）都市空間と格差問題

　地理学以外にも目を向けると、グローバル化が進行し世界規模での競争が激化する今日、都市社会に生起した移民や都市下層の貧困と格差の問題に対して、社会地図を用いた研究によってその解決を目指す試みが、社会学、地理学、社会疫学、栄養学などの分野の研究として行われるようになってきた。

　SSM 研究など格差社会論における研究蓄積は膨大でありここではまとめ切れないが、その多くが研究対象である「社会」の範囲を明確に規定しないままになされることが多かった。それに対して橋本健二は、東京 23 区を対象とした社会地図を用いた分析結果から、社会的な分極化が地域的な分化とともに生じていることを指摘した（橋本 2011）。また豊田哲也は、東京については、都心をピークとして、そこから離れるにしたがって所得水準が低下する構造が明瞭であること、しかも都心内部の所得格差が大阪・名古屋に比べて格段に大きいことを明らかにした（豊田 2007）。

（2）個人レベルの因子と地域レベルの因子の弁別

　格差問題は経済的な格差だけではなく、健康格差問題をも引き起こしている。「健康格差社会」という概念を初めて提起した近藤克則は、社会疫学や栄養学の分野でも、健康の地域差は住民の所得や年齢、性別、教育年数、職種といった個人レベルの因子だけでは説明できないとし、地域レベルの因子の導入の必要性を指摘している（近藤 2007）。

　地域レベルの因子を導入すると、個人レベルの因子をコントロールした上で、地域レベルの因子が有意に影響を与えていると言えるか否かを分析する必要が生じる。このような分析を可能にしたのが、マル

チレベル分析である。現実の居住分化のパターンは、行政界とは必ずしも一致しない。そのため、第1章第1節（4）（p.20）で指摘した因子生態学の第2の課題、すなわち研究の対象範囲および表章単位が現実の居住空間パターンと一致しない可能性があるという課題が生じる。この課題を解決し、地域レベルの因子として、行政界とは必ずしも一致しない現実の居住分化のパターンを析出する際に、社会地図を用いた研究および社会地区分析は、貢献することができる。

　実際に、健康格差問題の解決に資する研究として、社会地図を用いた研究が地理学・社会学の学際的研究として行われている。フードデザート問題研究がその一例である。フードデザート問題とは、買い物の不便化などにより食生活が悪化した住民が集住する都市の一地域（食の砂漠：Food Deserts、以下 FDs と略す）に生起している社会問題であり、生鮮食料品供給体制の崩壊と社会的弱者の集住という2つの要素が重なったときに発生する社会的弱者世帯の健康悪化問題である（岩間 2013, 2017）。岩間信之らは GIS を活用して FDs マップを作成し、FDs がどこで生じているのかを解析するとともに、配票調査やインタビュー調査によって社会的要因を測定し、この問題の解決を目指して研究を続けている（岩間ほか 2018; 浅川ほか 2019）。

（3）社会地区分析とコミュニティ・スタディ

　その一方で、都市の社会・空間構造の形成過程の分析と、それぞれのコミュニティの変容を連関させることによって分析する、社会地区分析とコミュニティ・スタディとのコラボレーションも行われるようになった。その嚆矢が、玉野和志・浅川達人編（2009）であった。

　そこではまず、帰納的方法としての社会地区分析による社会地図研究の成果に基づいて、東京大都市圏の空間形成が論じられた。東京大都市圏が工業型社会として資本主義的な発展を遂げていく過程、すなわちフォーディズムと郊外化の時代において、地方の農村社会から大量の人々が東京大都市圏に流入した。独身の間は、職場に近接した都心地域の賃貸アパートに暮らし、結婚し世帯を形成すると郊外のマン

ションや戸建て住宅を購入するようになる。こうして東京大都市圏が郊外へと拡張していった。それぞれのコミュニティの時間は、都市の発展の時間と家族の時間の関数として刻まれていった。

　それに続くポスト・フォーディズムと世界都市化の時代においては、都市の発展を支える主導的な産業が製造業から金融業やソフト開発などに変化したため、製造業の立地は京浜地区や城東地区ではなくむしろ京葉地区や北関東へと分散するようになった。その結果、京浜地区は都心のビジネス地区との結びつきを深めることとなった。

　このように、京浜地区というローカル・コミュニティにおいて生じている変化は、コミュニティ・スタディのみで解明できるわけではなく、社会地区分析で明らかになるような東京大都市圏の変化に位置づけることによって明らかにされる。そして東京大都市圏の変化は、世界規模で生じている社会変動に位置づけて解釈しなければ理解できない。社会地区分析とコミュニティ・スタディとのコラボレーションは、このような都市の歴史的展開を踏まえて行われるようになった。第II部では、複数の実証研究より得られた知見をまとめることとなるが、その前に、社会地図を用いて社会空間構造を可視化する方法について、次章において説明したい。

第3章　社会地図による社会空間構造の可視化

1. 可視化のための道具

　都市社会空間構造を可視化するためには、GIS を利用する。本書に掲載されている社会地図もまた、GIS によって作成されている。GISは、境界データと属性データという2種類のデータを結合することによって地図を描画する。境界データには、「都道府県」「市区町村」「丁目・大字」などの行政区分の境界を示すデータと地域メッシュデータがある。属性データとは、たとえば「新型コロナウイルス新規感染者数」などといった数値であり、「都道府県」や「市区町村」単位に公表されたデータである。たとえば、2021 年 5 月 23 日の東京都での新型コロナウイルス新規感染者数は 535 名であり、大阪府では 264 名であったが、これらの数値が「属性データ」である。47 都道府県ごとに新規感染者数を集計し、0 ～ 99 人、100 ～ 199 人、200 ～ 299 人、300 ～ 399 人、400 ～ 499 人、500 ～ 599 人という6段階に分類し、感染者数が多いほど濃い色で塗り分けるとき、色を塗る境界が「境界データ」である。大阪府は下から3番目の濃さで、東京都は最も濃い色で塗り分けられることになる。詳しくは後述するが、これらの境界データと属性データの多くは、WEB サイトから無料でダウンロードして利用することができる。

　境界データと属性データの両方を管理し、結合し表示してくれるソフトウエアが GIS である。GIS には高性能で有料のソフトウェアもあるが、無料でダウンロードして自由に利用可能なソフトウェアもある。無料の GIS ソフトウェアとして有名なのが、Windows PC で動作する MANDARA である（図表3-1）。MANDARA の開発者である

図表 3-1　MANDARA10 の WEB サイト
（https://ktgis.net/mandara/）
2021 年 5 月 31 日閲覧

　埼玉大学の谷謙二先生は 2021 年現在、WEB ブラウザー上で動作する
Java スクリプト版の MANDARA を開発中であるが、Windows 版と遜
色なく利用できるようになるには、もう少し時間がかかるようであ
る。MANDARA についてはさまざまなマニュアルが刊行されている
が、初学者には『フリー GIS ソフト　MANDARA10 入門』がお薦め
である。MANDARA のダウンロードから境界データと属性データのダ
ウンロードや加工についても、必要な情報が網羅されている。
　Windows PC 環境で GIS を利用することに関しては、ソフトウエア
の種類も豊富であるし、マニュアル類も数多く刊行されている。とこ
ろが、Mac 環境で GIS を利用しようとすると、とたんにハードルが高

MACでQGISを使う

MANDARAは秀逸なソフトです。でも。。。

無料で利用可能なGISソフトとして，埼玉大学の谷先生が開発されたMANDARAを，長らく活用させていただいております。MANDARAはエクセルがあれば利用することができ，起動も早く，操作も簡単でわかりやすく，本当に便利なソフトです。

しかし，残念ながらWINDOWSでないと利用できないため，MANDARAを使うためだけに，自宅と研究室にWINDOWS環境を準備していました。

研究費を利用できる我々研究者は，WindowsもMacも両方そろえるといったことが可能です。しかしながら，学生さんはそうはいきません。2018年度のゼミから，ゼミ生にGISを教え始めました。Macユーザーの学生さんへは，Windowsパソコンを貸与しましたが，自宅で使うことができず，不便な思いをさせてしまいました。

MACでGISを使いたい

MACで利用可能な無料で使用可能なGISソフトは，2018年の現状ではQGISの一択です（追記：2020年6月現在でも同様です）。この度，一念発起してQGISの利用方法を勉強し始めました。このページでは，MACでGISソフト(QGIS)を使いたい！という方のために，私の覚え書きをアップしたいと思います。

QGISのマニュアルは，それなりに数多く出版されています。いずれの本にも，WindowsでもMacでも利用できると書いてはありますが，著者はWindowsユーザーらしく，Macで同じように実行してもうまくいかないことが度々起こりました。

ここでは，私が実際にMacでQGISを動かしながら試行錯誤した結果，気づいたことをメモとして書き残そうと思います。MacでGISを使いたい！という方の一助となれば幸いです。

ホーム

研究テーマ

調査報告書

近年の研究業績

吉里吉里は今

知的生産技術

質的データ分析手法

社会地区分析

MACでQGIS

MACでR

図表 3-2　浅川研究室 WEB サイト
(https://asalabmgu.jimdofree.com/mac で qgis/)
2021 年 5 月 31 日閲覧

くなる。Mac で動作する GIS ソフトウェアは、2021 年現在、QGIS のみである。QGIS のマニュアルも複数出版されているものの、Windows 版 QGIS の画面を例示して説明がなされている。Mac でも動作するとは記述されているが、Mac 版 QGIS の画面を例示して説明がなされているマニュアルは、残念ながら目にしたことがない。そのため、Mac 版 QGIS を利用しようとすると、ファイルが読み込めないなどのトラブルに見舞われることになる。このような現状であるため、Mac で GIS を利用する場合、Parallels Desktop など Mac で Windows を利用することができるソフトウエアを導入して、MANDARA を利用するのがお薦めである。なお、Mac 版 QGIS を利用する際には、著者が運営管理している WEB サイト「浅川達人研究室 news」に Mac 版 QGIS の利用方法についての簡単なメモがあるので参照されたい（図表 3-2）。

2. 市区町村データと小地域データ

(1) 市区町村データ

　前述したとおり、境界データには「都道府県」「市区町村」「丁目・大字」などがある。都市社会空間構造を可視化するためには、「都道府県」という表章単位は広すぎるため、「市区町村」データ、または「丁目・大字」を表章単位とした「小地域データ」を用いることが多い。

　市区町村単位のデータは、無料でダウンロードできる表章項目が最も豊富である。市区町村内の内部構造はもちろん分析不可能ではあるが、東京圏や名古屋圏、京阪神圏など大都市圏を対象範囲として、大都市圏内部の社会空間構造を可視化するためには、十分利用可能である。ただし、行政区の合併がなされるため、市区町村の境界は年次によって異なっていることに注意が必要である。

　MANDARA には、時間情報を含む地図ファイルが付属しており、市区町村の境界の変遷が記録されている。そのため、日付を指定してその時期の地図を表示することが可能である。さらに、時系列集計機能も備わっており、たとえば、2000 年から 2015 年の外国人の増減を集計して地図化することができる。2000 年から 2015 年の間に、平成大合併があり市区町村が大きく変化しているが、両時点間の市区町村の合併を、MANDARA が自動的に考慮して集計してくれる。

　市区町村を表章単位とする属性データについては、「e-Stat 政府統計の総合窓口」から、無料でダウンロードすることができる。可視化したい表章項目について、「市区町村」の集計結果が公表されているかどうかを確認してデータをダウンロードする。表章単位として「市区町村」があげられていても、たとえば北海道の合計のような都道府県単位のデータも含まれている。このため地図化にあたっては、それらの市区町村単位で可視化する際には不要な行と、可視化に必要な行とを判別する作業が事前に必要となる。これらの作業を簡便かつ正確に行うためには、エクセル関数の知識が必要である。このようなエクセル関数についても、前述の『フリー GIS ソフト　MANDARA10 入門』

には例示が記されている。

（2）小地域データ

　市区町村よりもさらに詳細な行政区分として、「丁目・大字」を単位に表章された「小地域データ」がある。「小地域データ」については、属性データ、境界データともに、無料でダウンロードし利用することができる。「e-Stat」のホームページから「地図で見る統計（統計GIS）」（図表3-3）へ進み、「統計データダウンロード」「国勢調査」と進むと、年次を選択した上で「小地域」を選択することができる。ただし、表章されている項目は少なく、男女別人口総数・世帯総数、年齢別人口、世帯人員別一般世帯数、世帯の家族類型別一般世帯数、住宅の種類・所有の関係別一般世帯数、住宅の建て方別世帯数、産業大分

┃ 地図で見る統計(統計GIS)

各種統計データを地図上に表示し、視覚的に統計を把握できる地理情報システム（ＧＩＳ）を提供しています。

≪お知らせ≫
　2021年4月21日　地図で見る統計（jSTAT MAP）のログイン画面を変更いたしました。
　2021年3月19日　2018年漁業センサス　都道府県及び市町村の提供を開始いたしました。

>地図で見る統計（jSTAT MAP）

地図で見る統計（jSTAT MAP）は、誰でも使える地理情報システムです。
統計地図を作成する他に、利用者のニーズに沿った地域分析が可能となるようなさまざまな機能を提供しています。
防災、施設整備、市場分析等、各種の詳細な計画立案に資する基本的な分析が簡単にできます。
※システムの動作が著しく遅い場合は、システムが混み合っている可能性があります。時間をおいて再度アクセスをお願いいたします。
　また、地図で見る統計（jSTAT MAP）起動時にエラーとなる場合は、ブラウザの閲覧履歴の削除を行い再度お試しください。

>統計データダウンロード

地図で見る統計（jSTAT MAP）に登録されている統計データをダウンロードすることができます。
境界データと結合できるコード（KEY_CODE）を追加しています。

>境界データダウンロード

地図で見る統計（jSTAT MAP）に登録されている境界データをダウンロードすることができます。

図表3-3　地図で見る統計（統計 GIS）
（https://www.e-stat.go.jp/gis）
2021 年 5 月 31 日閲覧

図表 3-4　統計情報研究開発センター
(https://www.sinfonica.or.jp)
2021 年 5 月 31 日閲覧

類別および従業上の地位別就業者数、職業大分類別就業者数、世帯の
経済構成別一般世帯数のみである。市区町村データを用いれば集計す
ることができる、たとえば高齢夫婦のみ世帯数などを可視化したい場
合は、データを購入する必要が生じる。データを購入する場合は、公
益財団法人統計情報研究開発センターの WEB サイトから申込書をダ
ウンロードして作成し、同センターへと送付して購入することになる
(図表 3-4)。

　小地域データの境界データは、MANDARA に付属はされていないの
で、利用する場合にはダウンロードを行わなければならない。図表 3-3
に示した「地図で見る統計(統計 GIS)」から、「境界データダウンロード」
「小地域」「国勢調査」と進み、年次を選び「小地域」を指定することに
よって無料でダウンロードが可能である。ダウンロードした境界デー
タと前述した属性データを結合して地図化する作業は MANDARA で
の作業となるので、詳細は『フリー GIS ソフト　MANDARA10 入門』
を参照されたい。ひとつだけ留意したいのは、小地域データは数が多
いため、データ処理に時間がかかることである。たとえば、東京都全

域について境界データと属性データの結合を処理しようとすると、PC
の性能にもよるが 10 分程度時間がかかる。この処理については、安易
に広域を選ばす、必要な市区町村に絞って作業した方が効率は良い。

3. 地域メッシュ統計

　境界データには、行政区分の境界を示すデータのほかに、地域メッ
シュデータがある。これは緯度と経度に基づき地域を隙間なく網の目
（メッシュ）の区域に分けたものである。図表 3-3 に示した「地図で見
る統計（統計 GIS)」の WEB サイトから、境界データであるメッシュ
データと、当該メッシュがもつ属性データの両方を無料でダウンロー
ドすることができる。

　地域メッシュの区画には、第 1 次地域区画、第 2 次地域区画、標準
地域メッシュ（第 3 次地域区画）、2 分の 1 地域メッシュ、4 分の 1 地
域メッシュの 5 種類がある。第 1 次地域区画は 1 辺が約 80km であり、
これを緯線方向および経線方向に 8 等分したものが第 2 次地域区画で
あり 1 辺は約 10km である。標準地域メッシュは第 2 次地域区画を緯
線方向および経線方向に 10 等分したものであり、1 辺は約 1km であ
る。大都市圏を対象とした社会空間構造分析であれば、標準地域メッ
シュを表章単位とした分析で十分であるが、人口集中地区（DID）の
みを取り上げて詳細に分析する際には 2 分の 1 地域メッシュや 4 分の
1 地域メッシュを用いる場合もある。それらの境界データおよび属性
データも、「地図で見る統計（統計 GIS)」の WEB サイトから無料でダ
ウンロードすることができる。ただし属性データについては、表章項
目が限定的である点には留意が必要である。

　地域メッシュは、その位置や区画が固定されているため、町村合併に
よる行政区域の境界変更などの影響を受けず、時系列比較を容易に行
うことができる。また、小地域統計のように都市部ほど細かい区画と
なり見えづらく、郊外部ほど広い区画となり目に留まりやすいといっ
た、視覚上の問題点も回避できるという特徴も持つ。

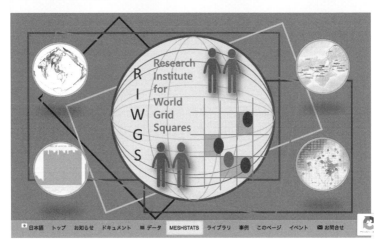

一般社団法人世界メッシュ研究所
Research Institute for World Grid Squares

図表 3-5　世界メッシュ研究所
(https://www.fttsus.org/worldgrids/ja/meshstats-ja/)
2021 年 5 月 31 日閲覧

　地域メッシュは日本の総務省統計局をはじめとする国の行政機関が
作成している。したがって、日本独自のものであり、今のところ、諸
外国との比較研究には利用することができない。ただし、近年ではこ
れを独自に拡張し世界メッシュコードを作成し、世界規模でメッシュ
統計を取り出し、分析するという試みも行われるようになった。一般
社団法人世界メッシュ研究所の WEB サイトでは（図表3-5)、ユーザー
登録は必要となるが、無料で世界メッシュコードによって表章された
データを見ることができる。

4.　面積・距離計算とオーバーレイ

(1) 面積の計算、距離の計算

　GIS は、地図を描画する機能だけを有しているわけではなく、多岐に
わたる機能を有している。都市の社会空間構造分析を行う場合に頻繁

に利用する機能は、計算機能とオーバーレイ機能である。まずは、計算機能について概説する。

　地域メッシュ統計の場合は、ひとつの標準地域メッシュの面積は約1 km²とほぼ一定である。しかしながらそれ以外の市区町村データや小地域データの場合、各オブジェクトの面積は一定ではない。そのため、オブジェクトの面積を知る必要がある。

　MANDARAには、設定中のレイヤのオブジェクトの面積または周長を取得する機能がある。たとえば市区町村データを扱っている場合は、メニューバーの「分析」から「面積・周長取得」と進み「オブジェクト面積取得」を選択すると、属性データの最後に「計測面積」というデータが追加される。そしてメニューバーの「編集」から「クリップボードにデータのコピー」を選択してから、エクセルなどの表計算ソフトのスプレッドシートにペーストすると、市区町村の面積データを入手することができ、たとえば人口密度の計算を行うことなどが可能となる。

　都市の社会空間構造分析を行う場合に頻繁に利用するもうひとつの計算機能として、距離の計算機能がある。たとえば、東京大都市圏を分析対象範囲と設定する場合を想定しよう。この場合、東京23区に通勤・通学している者の比率が高い地域を東京大都市圏とする、という定義も考えられる。ただし、その比率は年度によって異なるため、時系列比較をする場合、年次によって東京大都市圏の範囲が異なることになり、周辺部の比較ができなくなる。そこで、東京駅を中心とした半径60km圏を東京大都市圏とする、といった距離による定義がとられることも多い。本書第II部の実証研究においても、距離による定義が用いられている。

　MANDARAには、設定中のレイヤのオブジェクトに対して、指定のオブジェクトとの間の直線距離を取得し、データ項目に追加する機能がある。この機能を用いると、たとえば、東京駅を中心とした半径60km圏に含まれる標準地域メッシュのみを取り出すといったことが可能となる。具体的には、まず、WEBサイトで提供されているサー

ビスを利用して、東京駅の緯度経度を調べる。次に MANDARA にて標準地域メッシュのレイヤが選択されていることを確認した上で、メニューバーの「分析」から「距離測定」を選択し、東京駅の緯度経度を入力し、「取得元それぞれとの距離を取得」を選び実行すると、データ項目の最後に、東京駅から標準地域メッシュの各メッシュまでの距離が取得される。前述した「クリップボードにデータのコピー」を利用して、エクセルなどの表計算ソフトのスプレッドシートにペーストすると、東京駅からの距離データを入手することができる。あとは、表計算ソフトのソート機能やフィルター機能を用いて、60km 圏に属するメッシュを選択すればよい。

(2) オーバーレイ

　GIS の機能の中で、都市の社会空間構造分析を行う場合に頻繁に利用するもうひとつの機能として、オーバーレイと呼ばれる複数の層(レイヤ)を重ねて表示する機能がある。本書第 II 部第 6 章に掲載した地図は、標準地域メッシュの地図に鉄道路線図を重ねて表示することによって作成した。そのことにより、鉄道という都市のインフラストラクチャーと、社会空間構造がどのように関連しているかを分析することが可能となる。

　本書に掲載した標準地域メッシュ地図には、地域を把握しやすくするために、都道府県の境界と市区町村の境界も表示している。これは表示するダミー・オブジェクトグループを変更することで表示させている。

　これらの境界だけでは、地名などが表示されないため、地域を特定することが難しい。そこで、地理院地図などを背景に表示し、地域を特定しやすくすることができる。MANDARA において地図が表示されているウインドウの右下にある「背景表示」というタブを選択すると「背景画像設定」ウインドウが表示される。タイルマップサービスから「国土地理院地図」と「地理院地図(白地図)」を選択すると、市区町村名が表示されるようになる。また、「地理院地図(標準地図)」を選

ぶと、道路や鉄道までも表示された地図と重ねて表示されるので、地域の特定に役立つ。

　本章では、社会空間構造を可視化するための道具について概説した。ここで紹介した知識と技術を用いると、どのような実証研究が可能となり、何がわかるのか。第 II 部において詳述しよう。

第Ⅱ部

社会地図で可視化した都市社会空間構造

第4章　東京23区の社会空間構造の変化

1．社会地図研究の知見

　第2章で述べたとおり、日本における都市社会空間構造に関する研究プロジェクトは主として、東京圏を対象として行われ、第一次プロジェクトの成果が『東京の社会地図』として、第二次プロジェクトの成果が『新編東京圏の社会地図 1975-90』として刊行されている。そして、1990年以降の東京圏の社会空間構造に関する研究は、プロジェクト研究ではなく個人研究によって蓄積されてきた。

　1990年と2000年については、標準地域メッシュ（3次メッシュ）を表章単位として東京圏を分析した結果、「各地域社会を全方向的に均質な中心対周縁という凝離した空間で序列化する力が、東京圏の構造変容の基本的な方向を定めてきた」ことが指摘されている（浅川 2006）。また、1990年、2000年、2010年の国勢調査のデータを用いて、標準地域メッシュを表章単位として東京圏（東京駅を中心とした半径60km圏）を分析した結果からは、3種類の変化が観察されたと報告されている（ASAKAWA 2016）。すなわち、①少子高齢化のような日本全国の社会変動と同じ変化が60km圏でも広く見られた、②60km圏の中心部においてはサービス業従業者の集積と同時に、新中間階級と労働者階級の二極分化が見られた、③60km圏の周縁部においては、製造業および物流施設の集積が見られた、という3種類の変化であった。

　これらの先行研究の知見を踏まえた上で、本章では研究対象範囲を東京圏の都心部を構成する東京23区とし、次章では東京圏（東京駅を中心とした60km圏）として、『新編東京圏の社会地図 1975-90』以降の

それぞれの対象範囲の経年変化を分析した。

2. データと方法

(1) データと分析枠組み

データには、1990 年、2010 年の国勢調査、および 2009 年の経済セ
ンサスを用いた。本章の研究対象範囲は東京 23 区である。表章単位に
は 500m メッシュ（4 次メッシュ）を用いた。分析は以下のとおり、二
段階に分けて行われた。

第一段階として、社会地図で経年変化を捉えることを試みた。質問
紙を用いた標本調査にたとえるなら、単純集計を用いてデータが捉え
た現実を記述する段階である。この段階で分析に用いた変数は、人口
構成（5 歳以下人口比率、後期高齢者比率）、就業構造（完全失業率、第二
次産業就業者比率、第三次産業就業者比率）、学歴（大卒者比率）、人口流
入（居住期間 5 年未満者比率）、住宅（持家世帯比率）、職業階層（管理職
比率、サービス職比率）、通勤通学（自市区町村従業通学者比率、県内他市
区町村従業通学者比率、他県従業通学者比率）である。

第一段階においては、個別の主題から捉えた東京 23 区の姿が見える
ものの、それらを総合してどのような変化が見られたのかを分析する
ためには、第二段階の分析が必要となる。それが、社会地区を析出す
るクラスター分析である。本章では、第二次プロジェクトとの連続性
も考慮して、第二次プロジェクトのクラスター分析において用いた変
数と分析方法を踏襲した。分析に用いた変数は、図表 4-1 に示したと
おりである。第二次プロジェクトで用いた 31 変数のうち、2010 年国
勢調査と 2009 年経済センサスからデータを得ることができなかった 4
変数（工場・作業所・鉱業形態事業所比率、昼夜間人口比率、都市型事業
所比率、犯罪発生数）を除く、27 変数を用いた。

(2) 分析方法

社会地図の階級区分は、1990 年および 2010 年のそれぞれの年次に

図表 4-1　分析に用いた変数

	第 2 次プロジェクト（1990 年）	本研究（2010 年）	データソース
1	公務事業所比率	公務事業所比率	経済センサス
2	人口密度	人口密度	国勢調査
3	流入人口比率（5 年）	流入人口比率（5 年）	国勢調査
4	男性人口比率（性比）	男性人口比率（性比）	国勢調査
5	重化学工業事業所比率	重化学工業事業所比率	経済センサス
6	建設業事業所比率	建設業事業所比率	経済センサス
7	サービス業従業者比率	サービス業従業者比率	国勢調査
8	ホワイトカラー比率	ホワイトカラー比率	国勢調査
9	老年人口比率	老年人口比率	国勢調査
10	卸売業事業所比率	卸売業事業所比率	経済センサス
11	持ち家世帯比率	持ち家世帯比率	国勢調査
12	大学卒業者比率	大学卒業者比率	国勢調査
13	労働力率・男	労働力率・男	国勢調査
14	間借り世帯比率	間借り世帯比率	国勢調査
15	雇用者比率・男	雇用者比率・男	国勢調査
16	老人のいる世帯比率	老人のいる世帯比率	国勢調査
17	工場・作業所・鉱業所形態事業所比率		
18	事業所数	事業所数	経済センサス
19	昼夜間人口比率		
20	年少人口比率	年少人口比率	国勢調査
21	織物・衣類・身の回り品小売業事業所比率	織物・衣類・身の回り品小売業事業所比率	経済センサス
22	自営業者比率・女	自営業者比率・女	国勢調査
23	平均従業者数	平均従業者数	経済センサス
24	都市型事業所比率		
25	失業率	失業率	国勢調査
26	平均世帯人数	平均世帯人数	国勢調査
27	第 2 次産業事業所比率	第 2 次産業事業所比率	経済センサス
28	1-4 人規模事業所比率	1-4 人規模事業所比率	経済センサス
29	犯罪発生数		
30	核家族世帯比率	核家族世帯比率	国勢調査
31	出生率	年齢標準化出生率	国勢調査

ついて、平均値と標準偏差を用い、平均値、平均値±標準偏差の 0.5 倍、平均値±標準偏差の 5 つの値を区分点として 6 段階に区分する方法を用いた。経年変化を分析するために、原則的に 2 時点の社会地図を作成し比較する。ただし、1990 年から 2010 年までの間に、日本標準産業分類は 3 回、日本標準職業分類は 2 回の改定を経ており、両時点で分類の基準が大きく異なるため比較することができない変数が存在した。その場合には、2010 年の社会地図のみを分析対象とした。

　社会地区の析出方法としては、第一次プロジェクトおよび第二次プロジェクトと同様に KS 法クラスター分析を用いた。KS 法クラスター分析は、表章単位のすべての組み合わせについて、クラスター内およびクラスター間の類似度の計算を行うため、表章単位数が増えると計算量が膨大となり、またクラスター間の差異に敏感であるため析出されるクラスター数が大量になるという特徴を持つ。そのため、大量のケースを分析すると大量にクラスターが析出され、解釈が困難となる。そこで、第一次分析によって析出されたクラスターを、第二次分析によって再度クラスタリングするという方法がとられてきた（倉沢・浅川 2004）。本章でも同様の分析方法を踏襲した。

3.　社会空間構造の経年変化

（1）年齢階級別人口構成

　まず、年齢階級別の人口構成について見る。図表 4-2 と図表 4-3 は、1990 年と 2010 年の 5 歳以下人口比率を示している。2010 年の東京 23 区の平均値は 6.8％であり、1990 年時点の平均値である 5.0％から 1.8 ポイント上昇した。2010 年では、比率の高いメッシュは主に、世田谷区、練馬区、板橋区、足立区、葛飾区、江戸川区、江東区、大田区など周縁部に位置する区、および都心三区（千代田区、中央区、港区）と文京区において見られた。

　1990 年からの 20 年間に、日本社会全体では少子高齢化が進行したものの、東京 23 区の中央部分においては学齢期前の子どもたちの比率

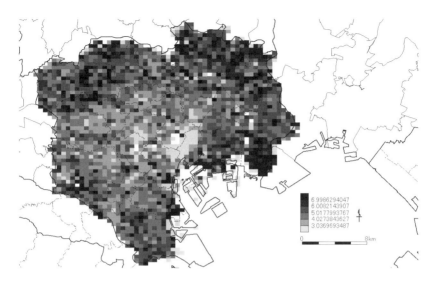

6.9986294047
6.0082143907
5.0177993767
4.0273843627
3.0369693487

0   8km

図表 4-2　5 歳以下人口比率 1990

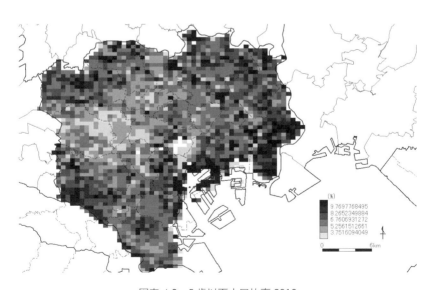

(%)
9.7697768495
8.2652349884
6.7606931272
5.2561512661
3.7516094049

0   6km

図表 4-3　5 歳以下人口比率 2010

が上昇したことがわかる。学齢期前の子どもだけが他の地域から流入してくることはあり得ないので、子どもを産み育てる層がこの20年間に、東京23区の中央部分で暮らすことができるようになったことを示している。

　75歳以降の後期高齢者では、筋力や認知機能などが低下し、生活機能障害・要介護状態、死亡などの危険性が高くなった状態になる「フレイル」と呼ばれる人が増加する。後期高齢者比率を図表4-4と図表4-5に示した。1990年では、比率が高いメッシュは千代田区などの中心部に広がっていた。一方、大田区、目黒区、杉並区、北区では比率が高いメッシュは周縁部にまで連なっていた。2010年になると、千代田区などの中心部では比率が高いメッシュは少なくなり、23区の北東部に比率が高いメッシュが集中して見られることとなった。

　このような変化は、前述したとおり、この20年の間に子どもを産み育てる層が東京23区の中央部分で暮らすことができるようになり、相対的に高齢者の比率が下がったことを示している。

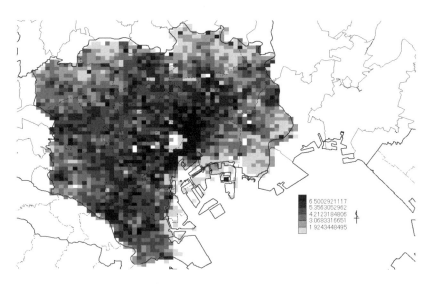

図表 4-4　後期高齢者比率 1990

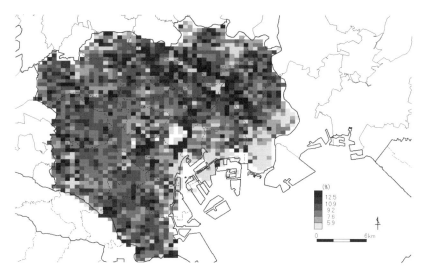

図表 4-5　後期高齢者比率 2010

（2）職業生活

　次に、職業生活について見る。前述したとおり、1990 年から 2010
年までの間に日本標準産業分類は 3 回の改定を経た。2002 年の改定に
おいて、それまで製造業に分類されていた産業の一部は農業や情報通
信業に再分類された。また 2007 年の改定では、サービス業（他に分類
されないもの）の一部が情報通信業や卸売・小売業などに再分類され
た。そのために、第一次産業、第二次産業、第三次産業という区分で
すら、時系列的な比較ができない。そこで第二次産業就業者比率と第
三次産業就業者比率については、2010 年の社会地図のみを示すことと
した。

　2010 年の第二次産業就業者比率（図表 4-6）では、比率の高いメッ
シュは北東部の区と、板橋区、練馬区、大田区に集中していた。また、
文京区と新宿区の一部にも比率が高いメッシュが見られ、印刷・出版
業など都心にあることがメリットとなる事業所で就業する人々が暮ら

していることが見て取れる。

　図表 4-7 は、第三次産業就業者比率を示している。第一次産業就業
者はほとんど存在しないことから、第三次産業就業者比率は第二次産

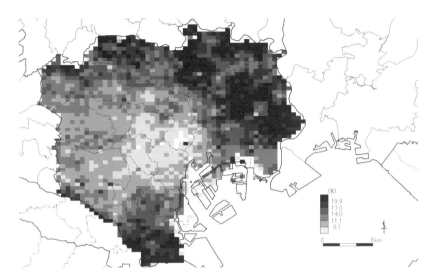

図表 4-6　第二次産業就業者比率 2010

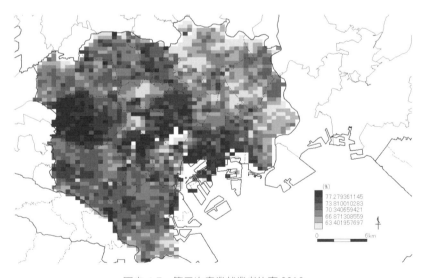

図表 4-7　第三次産業就業者比率 2010

業就業者比率とほぼ逆の分布を示す。比率が高いメッシュは、文京区・新宿区・渋谷区、杉並区、北区、中央区・江東区という4か所への集積が見られた。

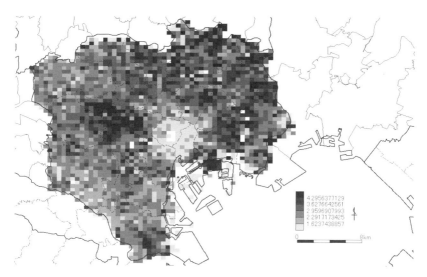

図表 4-8　完全失業率 1990

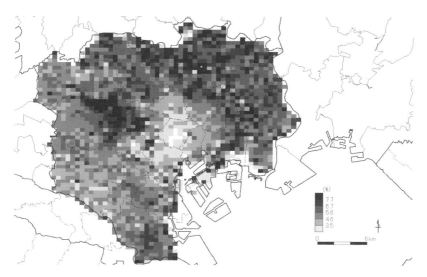

図表 4-9　完全失業率 2010

図表4-8と図表4-9は、完全失業率を示している。2010年の平均値は5.6％であり、1990年の平均値である3.0％から2.6ポイント上昇している。比率の高いメッシュの分布は両年次ともに近似しており、北東部の区および中野区と大田区に集中していた。

（3）職業階層と学歴
　居住者の社会経済的地位を検討するために、職業階層と学歴の分布を見る。図表4-10と図表4-11は、管理職比率を示している。1990年では、都心三区（千代田区、中央区、港区）に加えて、文京区と渋谷区、世田谷区南部と大田区北部、杉並区西部に比率が高いメッシュが集中していた。2010年でも分布はほぼ同様である。港区、渋谷区、目黒区、世田谷区において管理職比率が高いメッシュが連なっていることは、第二次プロジェクトが指摘したホワイトカラーベルトが現在でも残存することを示唆している。
　次にサービス職業従事者比率について見る。日本標準職業分類も、

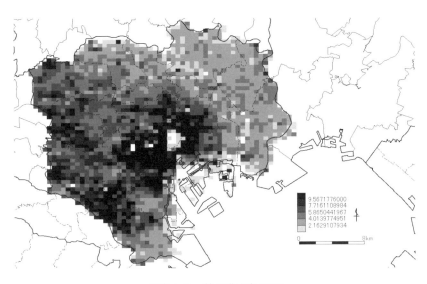

図表4-10　管理職比率 1990

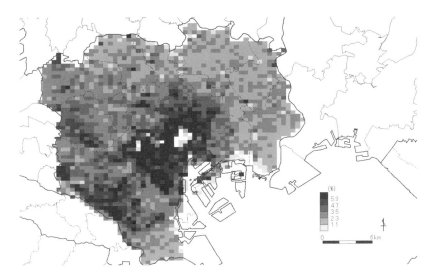

図表 4-11　管理職比率 2010

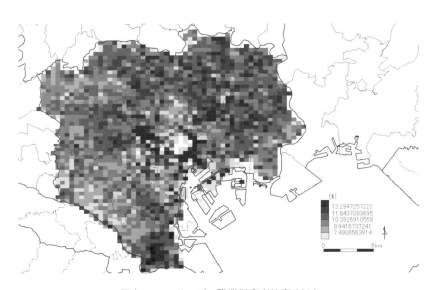

図表 4-12　サービス職業従事者比率 2010

1990 年から 2010 年までの間に 2 回の改定を経ている。1990 年国勢調査は、1986 年改定の日本標準職業分類の大分類「E サービス職業従事者」によって集計されていた。サービス職業従事者とは、「個人の家庭における家事・介護サービス、身の回り用務・調理・接客・娯楽など個人に対するサービス、及び他に分類されないサービスの仕事に従事するもの」である。それに対して 2010 年国勢調査は 2009 年改定の分類に基づいているため、その前の改訂版である 1997 年版では「B 専門的・技術的職業従事者」に分類されていた「介護サービス職業従事者」「保健医療サービス職業従事者」が、「E サービス職業従事者」に追加された。このように分類が大きく変更されたことから、2010 年のみを示すこととした。

　比率が高いメッシュは、北東部において集中して見られた。新たに追加された「介護サービス職業従事者」と「保健医療サービス職業従事者」がこのような分布をもたらしたと推測される。

　最後に学歴について検討する。学歴についても、国勢調査の集計方法が変わったことに注意が必要である。1990 年では「短大・高専・大学・大学院卒業者」が一括りに集計されていたものの、2010 年では「短大・高専卒業者」と「大学・大学院卒業者」が別々に集計されている。これらはいずれも、その当時の高学歴者を示していることから、2010 年においても合算はせず、「大学・大学院卒業者」のみを取り上げた。

　1990 年の大卒者（短大・高専を含む）比率（図表 4-13）は、1990 年の第三次産業就業者比率と近似した分布を示しており、千代田区から扇型に西部に向かって比率が高いメッシュが広がっていた。加えて、当時新たに開発された江戸川区南端地域にも比率が高いメッシュが集中していた。2010 年の大卒者比率（図表 4-14）でも分布はほぼ同様であったが、中央区および江東区に比率の高いメッシュがより集中するようになった。

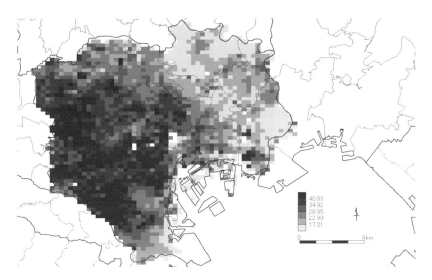

図表 4-13　大卒者比率 1990

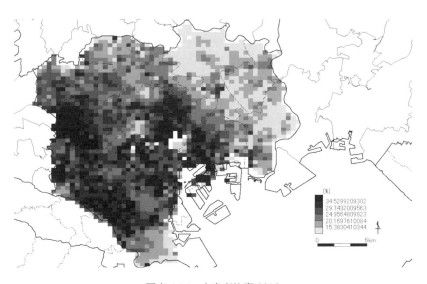

図表 4-14　大卒者比率 2010

（4）流入と定住

　流入人口が多い地域と、定住傾向が強い地域とを描き出してみよ
う。図表 4-15 と図表 4-16 は、居住期間 5 年未満人口比率を示してい
る。1990 年では、比率が低いメッシュは、荒川沿岸地域と台東区か
ら中央区にかけて広がっており、それ以外の地域では比率が高いメッ
シュが集中していた。2010 年になると、分布が大きく変化し、比率が
高いメッシュは江東区、中央区、目黒区、世田谷区に集中するに留ま
り、千代田区より北側に位置する区では比率が高いメッシュはほぼ見
られなくなった。

　一方、定住傾向を近似的に示す変数である持家世帯比率を図表
4-17、図表 4-18 に示した。1990 年では、東部の区と練馬区および大
田区に比率が高いメッシュが集中していた。2010 年では東部の区の中
でも、台東区、墨田区、中央区では比率が低いメッシュも散見される
ようになった。これらの地域では 2000 年代になり再開発が活発に行わ
れ、マンションやアパートの建設が多くなされたため、賃貸住宅も増
えたことが影響していると考えられる。

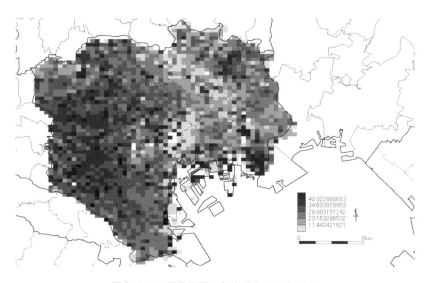

図表 4-15　居住期間 5 年未満人口比率 1990

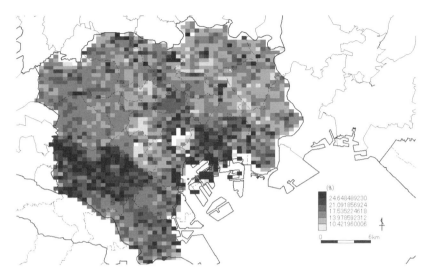

図表 4-16　居住期間 5 年未満人口比率 2010

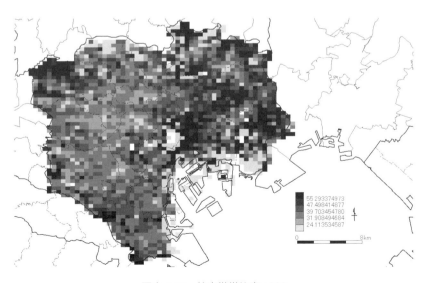

図表 4-17　持家世帯比率 1990

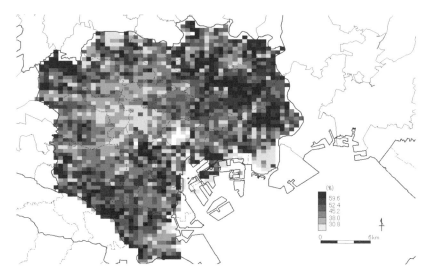

図表 4-18　持家世帯比率 2010

（5）通勤通学

　国勢調査データに含まれている数少ないライフスタイルを反映した
変数として、通勤・通学に関する変数を用いた。

　図表 4-19 と図表 4-20 は自市区町村従業通学者比率である。1990 年
（図表 4-19）では、都心三区（千代田区、中央区、港区）と新宿区に加え
て、足立区、台東区、墨田区、葛飾区、大田区といった第二次産業就
業者比率が高い地域でも、比率が高いメッシュが集中していた。ただ
し JR 線、私鉄線沿線と郊外へ延びる幹線道路沿線は比率が低くなって
いた。2010 年では、墨田区、葛飾区において比率の低いメッシュが多
くなり、第二次産業就業者の減少の影響を受けているものと推測され
る。

　図表 4-21 と図表 4-22 は県内他市区町村従業通学者比率である。1990
年では、比率の高いメッシュは山手線の西側から西部へと連なってお
り、加えて、文京区、北区、江東区、江戸川区に広がっていた。磯村
英一が 1953 年に描き出した地図（図表 2-1）と同様に、山の手の住宅

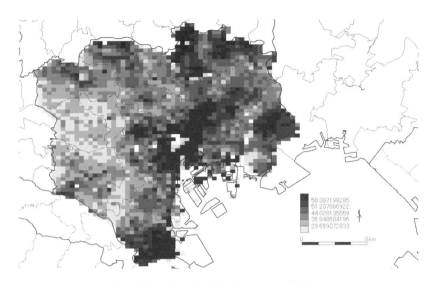

図表 4-19　自市区町村従業通学者比率 1990

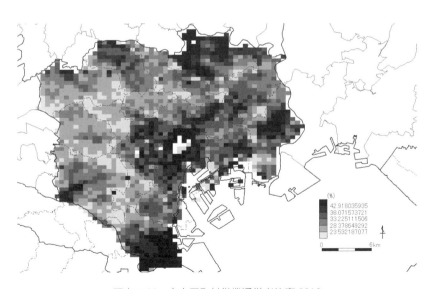

図表 4-20　自市区町村従業通学者比率 2010

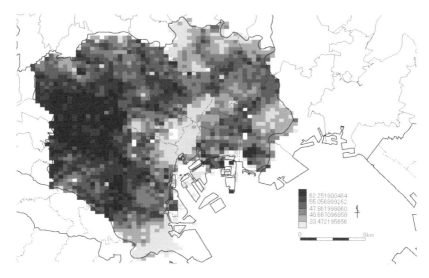

図表 4-21　県内他市区町村従業通学者比率 1990

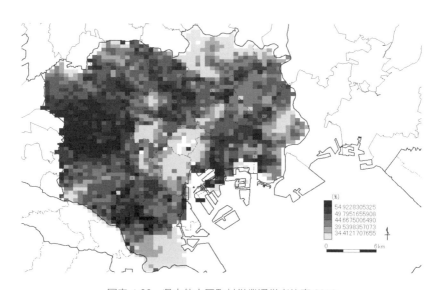

図表 4-22　県内他市区町村従業通学者比率 2010

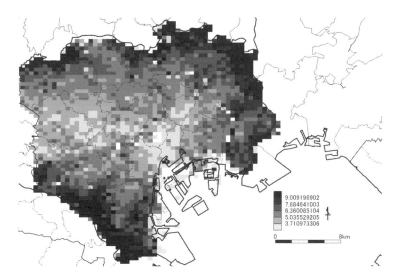

図表 4-23　他県従業通学者比率 1990

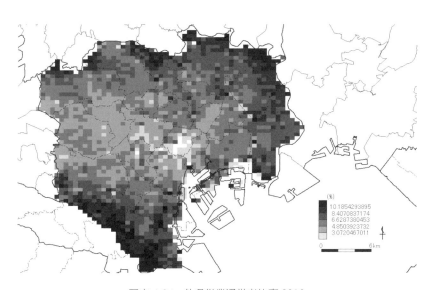

図表 4-24　他県従業通学者比率 2010

地に住むホワイトカラー層が新宿区や中央区に集積したオフィス街まで通勤している様子がうかがえる。また江東区、江戸川区では、当時開発が進み新たに建設されたマンションやアパートに若年のホワイトカラー層が暮らし、新宿区や中央区に集積したオフィス街まで通勤している様子もまた見て取れる。2010年もほぼ同様の分布であった。

　図表4-23と図表4-24は他県従業通学者比率である。千葉県、神奈川県、埼玉県という隣県と接している地域において比率が高いメッシュが集中しているという傾向は、どちらの年次も同じであった。

4. 社会地区分析で捉えた経年変化

(1) 1990年の社会地図

　第二次プロジェクトの成果である『新編東京圏の社会地図 1975-90』に掲載された1990年の社会地図には、16の社会地区が描かれている（図表4-25 口絵掲載）。中心業務地区は「繁華街地区A」「繁華街地区B」「オフィス・マンション地区」から構成されており、皇居を取り囲む形で神田・日本橋・銀座から、赤坂・麻布・六本木・青山そして渋谷へと広がり、大きな都心空間が面的に形成されていた。

　居住地空間について見ると、東側のブルーカラー系住宅地区、西側のホワイトカラー系住宅という配置が見られた。ただし、ホワイトカラー地区は一部23区東部にも散見された。小岩駅周辺地区にそのもっとも大きな集積があるほか、葛飾・足立区を含む東部の各区に規模は小さいがホワイトカラー住宅地区へ変化したメッシュが見られた。

(2) 2010年の社会地図

　2010年データを用いて析出した社会地区は、図表4-26（口絵に掲載）に示したとおりである。2010年データの2,286メッシュをKS法クラスター分析で分析した結果（第一次分析）、451クラスターに分類された。この451クラスターを再度KS法クラスター分析によって分類する第二次分析の結果、16クラスターが析出された。この16クラスターの

各々について、分析に用いた 27 変数の平均値を算出し、各クラスターの特徴を分析した（図表 4-27）。

　中心業務地区は「繁華街地区」「高齢化繁華街地区」「単身男性繁華街地区」から構成されていた。「繁華街地区」は人口密度が相対的に低く、事業所数が多いという特徴を持つ。「高齢化繁華街地区」は、繁華街地区の特徴に加えて、老年人口比率が高いという特徴を持つ。「単身男性繁華街地区」は繁華街地区の特徴に加えて、平均世帯人数が少なく、核家族世帯比率が低く、性比が高いという特徴をもつ。すなわち、労働力として東京に流入してきた男性が、単身で暮らしている繁華街地域を示している。

　居住空間について見ると、東側のブルーカラー系住宅地区、西側のホワイトカラー系住宅という配置は、2010 年においても見られた。西側のホワイトカラー系住宅地区は、「ホワイトカラー地区」「ホワイトカラー人口再生産地区」「ホワイトカラー持家地区」「ホワイトカラー女性地区」「ホワイトカラー女性高齢化地区」「ホワイトカラー零細事業所地区」から構成されている。「ホワイトカラー地区」は人口密度が高く、ホワイトカラー比率と大卒者比率が高いという特徴を持つ。「ホワイトカラー人口再生産地区」はホワイトカラー地区の特徴に加えて、流入人口を示す居住年数 5 年未満者比率が高く、年少人口比率・核家族世帯比率が高く、平均世帯人数が多いという特徴を持つ。「ホワイトカラー持家地区」はホワイトカラー地区の特徴に加えて、持家世帯比率が高いという特徴を持つ。「ホワイトカラー女性地区」ホワイトカラー地区の特徴に加えて、性比と核家族世帯比率が低く、平均世帯人数が少ないという特徴を持つ。すなわち、労働力として東京に流入してきた女性が、単身で暮らしている地域を示している。「ホワイトカラー女性高齢化地区」は「ホワイトカラー女性地区」に近似しているが核家族世帯比率が高く、老人のいる世帯比率が高いという特徴を持つ。「ホワイトカラー零細事業所地区」は、ホワイトカラー地区の特徴に加えて、ひとりから 4 人規模事業所比率が高いという特徴をもつ。

　東側のブルーカラー系住宅地区は、「ブルーカラー地区」「ブルーカ

図表 4-27　各クラスターの特性 (東京 23 区・2010 年)

	人口密度	居住年数5年未満者比率	性比(男/女＊100)	サービス職業従事者比率	ホワイトカラー比率	老年人口比率
繁華街地区	-	-	-	+	+	+
高齢化繁華街地区	--	--	-	++	-	++
単身男性繁華街地区	-	++	++	--	+	--
ホワイトカラー地区	++	-	-	+	+	-
ホワイトカラー人口再生産地区	-	++	-	-	++	-
ホワイトカラー持家地区	-	+	-	-	++	-
ホワイトカラー女性地区	-	-	-	-	++	+
ホワイトカラー女性高齢化地区	-	-	--	-	++	+
ホワイトカラー零細事業所地区	-	+	-	-	++	-
ブルーカラー地区	-	-	+	+	-	+
ブルーカラー高齢化地区	-	-	+	-	-	++
ブルーカラー賃貸地区	+	-	+	-	-	++
ブルーカラー人口再生産地区	-	-	+	-	-	-
団地特化賃貸地区	++	-	++	-	-	+
団地特化持家地区	++	+	+	-	+	-
大規模施設地区	--	-	--	++	--	-

	完全失業率	平均世帯人数	核家族世帯比率	年齢標準化出生率	公務事業所比率	重化学工業事業所比率
繁華街地区	--	-	-	-	-	-
高齢化繁華街地区	-	-	-	--	-	-
単身男性繁華街地区	--	--	--	-	++	-
ホワイトカラー地区	+	-	--	-	-	-
ホワイトカラー人口再生産地区	-	+	++	++	++	-
ホワイトカラー持家地区	--	+	+	+	++	-
ホワイトカラー女性地区	-	-	-	-	-	-
ホワイトカラー女性高齢化地区	-	-	-	-	-	-
ホワイトカラー零細事業所地区	-	+	+	+	++	-
ブルーカラー地区	+	+	+	+	-	++
ブルーカラー高齢化地区	+	+	+	-	-	++
ブルーカラー賃貸地区	++	-	+	-	+	-
ブルーカラー人口再生産地区	-	+	++	++	-	-
団地特化賃貸地区	++	--	--	-	-	-
団地特化持家地区	-	+	+	++	--	++
大規模施設地区	++	++	++	-	-	--

持家世帯比率	大卒者比率	労働力率・男	間借り世帯比率	雇用者比率・男	老人のいる世帯比率	年少人口比率	自営業者比率・女
+	+	-	++	-	+	-	++
+	-	+	+	--	++	--	++
-	+	++	-	+	--	-	-
-	+	+	+	-	-	+	+
+	+	++	--	++	-	++	--
++	++	-	+	+	-	+	+
+	+	++	+	+	+	+	+
++	++	-	++	+	+	+	+
++	++	-	+	+	+	+	+
+	-	+	-	+	+	+	-
+	--		++	-	++		+
-					++	--	
++	-	+	+	+	+	++	+
-	-	--	++	-	+	--	+
++	+		-	++	-	+	
--	--		--	++	+	+	--

建設業事業所比率	卸売業事業所比率	事業所数	織物・衣類・身の回り品小売業事業所比率	平均従業者数	第2次産業事業所比率	ひとりから4人規模事業所比率
-	++	++	+	+	-	-
-	+	++	+	++	--	-
-	++	++		++		--
-	-	+	+	-		+
-	+	--		++		-
-	+		+	+		-
		+	++			
-	-	--	-	-	--	+
++	-	--	--	--		++
++	-			-	++	+
+					++	+
-			+		-	+
++	++			-	+	
+	-	+	+	--		++
++	+				++	
--	--	--	--	++	-	-

ラー高齢化地区」「ブルーカラー賃貸地区」「ブルーカラー人口再生産地区」から構成されている。「ブルーカラー地区」は、ホワイトカラー比率・大卒者比率が低く、第二次産業事業所比率が高いという特徴を持つ。「ブルーカラー高齢化地区」は、ブルーカラー地区の特徴に加えて、老年人口比率・老人のいる世帯比率が高いという特徴を持つ。「ブルーカラー賃貸地区」はホワイトカラー比率・大卒者比率が低く、老年人口比率・老人のいる世帯比率が高く、持家世帯比率が低いという特徴を持つ。「ブルーカラー人口再生産地区」はホワイトカラー比率・大卒者比率が低く、年少人口比率・核家族世帯比率が高く、平均世帯人数が多いという特徴をもつ。

さらに周縁部には、「団地特化賃貸地区」「団地特化持家地区」「大規模施設地区」が散見された。「団地特化賃貸地区」は人口密度が最も高く、持家世帯比率が低いという特徴を持つ。一方「団地特化持家地区」は、人口密度が高く、持家世帯比率も高いという特徴を持つ。「大規模施設地区」は、人口密度が最も低いという特徴を持つ。

5. 社会空間構造変化の方向とその論理

本章では、東京23区を分析対象地域とし、500mメッシュを表章単位として、1990年から2010年までのデータを用いて分析し、この間の社会空間構造の変化を明らかにすることを目的とした。分析の結果得られた知見を、以下にまとめておきたい。

(1) 社会地図で捉えた経年変化

まずは、社会地図で捉えた経年変化から得られた知見をまとめる。1990年までの東京23区は流入人口の多さが特徴であった。特に西側のホワイトカラー系住宅地に、人口が流入していた。しかしながら2010年には、流入する地域が文京区と、千代田区よりも南側の地域へと変化した。2010年時点でも人口流入が多い地域には子どもを産み育てる層も多く、日本社会全体において少子高齢化が進行したものの、東京

23区の中央部分においては学齢期前の子どもたちの比率が高まった。

　1990年代からの脱工業型社会への変化にともなって、第二次産業就業者が大幅に減少した。そのことは、通勤通学といったライフスタイルにも大きな変化をもたらした。自市区町村従業通学者比率を見ると、1990年当時は第二次産業の集積地であった墨田区、葛飾区においても、2010年には比率の低いメッシュが増加することとなった。また、第二次産業の縮小という産業構造の変化は、サービス職業従事者の増大という変化にもつながった。1990年時点と2010年では分類の定義が異なるため直接の比較はできないが、2010年には北東部においてもサービス職業従事者比率が高い地域が散見されるようになった。

　1990年時点で広くホワイトカラー系住宅で覆われていた西部地域の内部においても、複数の分化が出現した。大学進学率の上昇により高学歴者に対する社会的認識も変化し、国勢調査の分類方法も変化した。しかしながら、高学歴者が都心三区から西部にかけて広く分布しているという構造には変化が見られなかった。また、管理職比率についても、比率が高いメッシュは港区、渋谷区、目黒区、世田谷区に集中するようになった。

（2）社会地区分析で捉えた経年変化

　社会地図で捉えた経年変化を総合的に考察するために、社会地区分析で捉えた経年変化から得られた知見も見てみよう。まず中心業務地区について見ると、1990年には皇居を取り囲む形で大きな都心空間が面的に広がっていた。2010年になると、そこは「繁華街地区」「高齢化繁華街地区」「単身男性繁華街地区」から構成されることとなった。中心業務地区は事業所が大量に集積した空間ではあるが、2010年には居住空間としての利用が増加した。1990年には「繁華街地区B」と「オフィス・マンション地区」で占められていた港区と渋谷区は、2010年にはホワイトカラー系住宅地へと変貌を遂げた。また、中央区には男性単身労働者が暮らす単身男性繁華街地区が出現した。

　次に居住空間について見る。東側にブルーカラー系住宅地区が広が

り、西側にホワイトカラー系住宅が広がっているという配置は、2010年においても依然として存在した。ただし、ホワイトカラー系住宅において単身ホワイトカラー女性の集住地区が見られるようになった。結婚をして世帯を形成するという選択をしないライフスタイルを選好する女性が集住する地域が散見されるようになった。単身男性繁華街地区として分類した単身男性労働者の集住地区とは重なっていないことから、ジェンダーによるセグリゲーションが見出されるようになった。

　ブルーカラー系住宅については、2010年になっても、北東部と板橋区、練馬区、大田区に広がっているという点は1990年時点と変化がない。そして、北東部のブルーカラー系住宅地の中にホワイトカラー住宅が蚕食する形で点在している点も、1990年時点と同様であった。

　それに対して大きな変化のひとつは、荒川沿いに高齢化が進行する地域が出現したことである。少子高齢化というトレンドは、東京23区においては、特にブルーカラー系住宅地において顕著であり、今後ますます「ブルーカラー高齢化地区」が増えるであろう。ただし、ブルーカラー高齢化地区となった後の変化は、病院への入院、施設入所、死去などで住民がその地を去った後は、再開発の手が入りホワイトカラー地区として変貌を遂げていくと予想される。江戸期から綿々と続いてきた山の手と下町の違いは、徐々に薄れていくのかもしれない。

第5章　東京圏の社会空間構造の変化

1.　東京23区から東京圏へ

　前章では、東京23区を対象として、『新編東京圏の社会地図1975-90』以降の経年変化を分析した。本章では対象地域を、東京駅を中心とした半径60km圏内に拡張して、東京圏の空間構造の変化を分析する。

2.　データと方法

（1）データ

　データには、1990年、2000年、2010年の国勢調査データを用いた。研究対象範囲は東京駅を中心とした半径60km圏内であり、これは第二次プロジェクトが対象とした範囲と概ね一致する。第二次プロジェクトにおいては、東京圏を対象とした場合に市区町村を表章単位としていたのに対して、本章では標準地域メッシュ（3次メッシュ）を表章単位とした。分析に用いた変数は、東京23区を対象とした前章と同様に、人口構成（5歳以下人口比率、後期高齢者比率）、就業構造（完全失業率、派遣社員比率、第二次産業就業者比率、第三次産業就業者比率）、学歴（大卒者比率）、人口流入（居住期間5年未満世帯比率）、住宅（持家世帯比率）、職業階層（管理職比率、サービス職比率）、通勤通学（自市区町村従業通学者比率、県内他市区町村従業通学者比率、他県従業通学者比率）である。

（2）分析方法

　社会地図の階級区分は、それぞれの年次の平均値と標準偏差を用い

て6段階に区分する方法を用いた。

　社会地区の析出方法として、第一次プロジェクトと第二次プロジェクト、および前章においては、KS法クラスター分析が用いられた。KS法クラスター分析は、前述したとおり、分析対象地域の全メッシュを対象として、クラスター内の類似度が最大かつクラスター間の類似度が最小となるクラスター所属を析出する非階層的クラスター分析手法である。表章単位のすべての組み合わせについて、クラスター内およびクラスター間の類似度の計算を行うため、表章単位数が増えると計算量が膨大となり、またクラスター間の差異に敏感であるため析出されるクラスター数が大量になるという特徴を持つ。東京23区を対象として4次メッシュで表章した場合、総メッシュ数は約2,200であった。しかしながら、東京圏を対象として3次メッシュで表章した場合、総メッシュ数は約18,600となり、KS法クラスター分析では計算量が膨大となり分析が困難である。

　そこで、対象範囲を23区から東京圏へと拡張した本章では、社会地区の析出方法としてK-means法を用いた。K-means法は大規模サンプルのクラスター分析として標準的に用いられる方法である。この方法では析出されるクラスター数を分析者が指定する必要がある。そこで、複数のクラスター数で試行的な分析を重ね研究グループのメンバーと議論し、最も適切な解釈を行うことができる9つのクラスターを最適解とみなした。

3. 社会地図で捉えた経年変化

(1) 年齢階級別人口構成

　まず、年齢階級別の人口構成について見る。図表5-1と図表5-2は、5歳以下人口比率を示している。1990年の比率を示した図表5-1を見ると、東京圏の平均値は4.8％であり、東京23区はほぼ平均以下のメッシュで占められている。東京都では羽村市など郊外において比率が高いメッシュが集中している。一方、神奈川県・埼玉県・千葉県では、

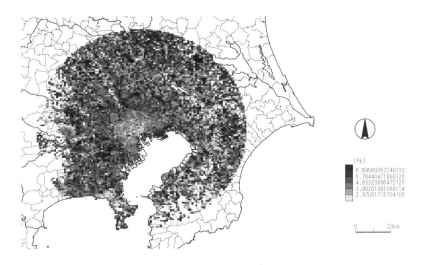

図表 5-1　5 歳以下人口比率 1990

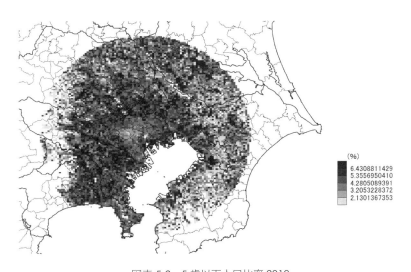

図表 5-2　5 歳以下人口比率 2010

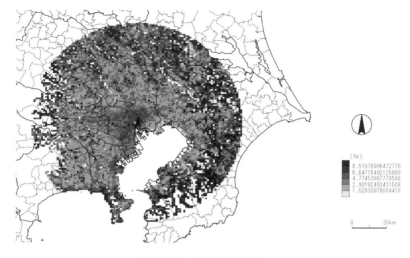

(%)
8.51976996472778
6.64715492125688
4.77453987778598
2.90192483431508
1.0293079084418

0   20km

図表 5-3　後期高齢者比率 1990

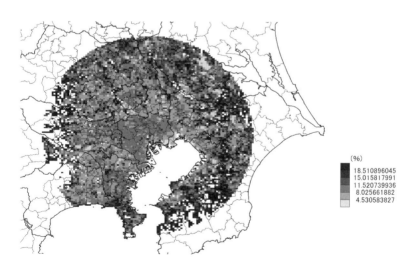

(%)
18.510896045
15.015817991
11.520739936
8.025661882
4.530583827

図表 5-4　後期高齢者比率 2010

川崎市宮前区から横浜市青葉区にかけて、戸田市周辺、浦安市といった東京都に近い地域に比率が高いメッシュが集中している。この傾向は、2010年の比率を示した図表5-2においても同様に見られた。ただし、比率の高いメッシュは1990年に比べて2010年では減少し、特に埼玉県・茨城県・千葉県の郊外部においては平均値よりも低い値を示すメッシュが増加した。

　75歳以降の後期高齢者では、筋力や認知機能などが低下し、生活機能障害・要介護状態、死亡などの危険性が高くなった状態になるフレイルと呼ばれる人が増加する。後期高齢者比率を図表5-3と図表5-4に示した。

　1990年では千代田区・中央区・港区の都心3区と台東区において、比率が高いメッシュが集中していた。それを取り囲むように東京23区の内側は平均値4.8%以上の比率を示すメッシュが占めている。東京23区を取り囲むように平均値以下のメッシュが広がり、周辺部において再び比率が高いメッシュが増加するという分布を示していた。東京圏の中心部と周辺部において比率が高いメッシュが集中するという構造は、2010年においても変化しないが、2010年時点の平均値は11.5%へと上昇した。

（2）職業生活

　次に、職業生活について見る。前述したとおり、1990年から2010年までの間に日本標準産業分類は3回の改定を経た。そのために、第一次産業、第二次産業、第三次産業という区分ですら、時系列的な比較ができない。そこで、第二次産業就業者比率と第三次産業就業者比率については、2010年の社会地図のみを示すこととした。

　2010年（図表5-5）では、東京都は全体に第二次産業就業者比率が低いが、足立区・荒川区・墨田区・葛飾区・江戸川区という東京23区東部地域と、東京23区南部の大田区、そして武蔵村山市以西地域において、19.2%以上のメッシュが見られた。神奈川県では、東京都大田区に隣接する川崎市・横浜市の一部、そして相模原市・厚木市・海老名

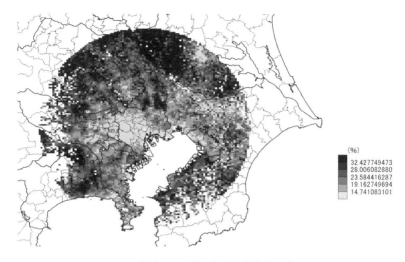

(%)
32.427749473
28.006082880
23.584416287
19.162749694
14.741083101

図表 5-5　第二次産業就業者比率

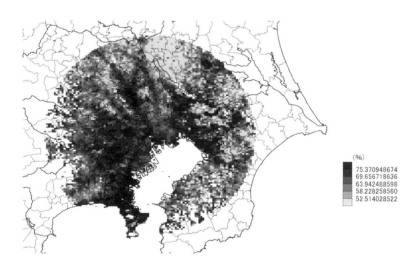

(%)
75.370948674
69.656718636
63.942488598
58.228258560
52.514028522

図表 5-6　第三次産業就業者比率

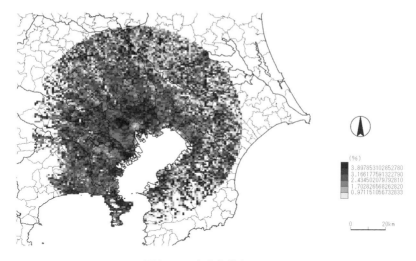

(%)
3.897853102852780
3.166177591322790
2.434502079792810
1.702826568262820
0.971151056732833

0   20km

図表 5-7　完全失業率 1990

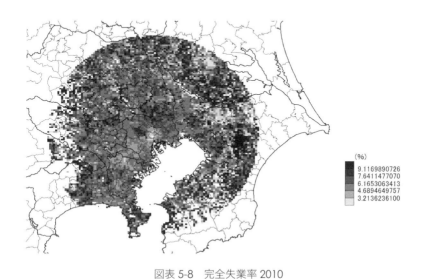

(%)
9.1169890726
7.6411477070
6.1653063413
4.6894649757
3.2136236100

図表 5-8　完全失業率 2010

市・平塚市の県央部に比率が高いメッシュが集中していた。埼玉県と茨城県南部はほぼ全域を、比率が高いメッシュが占めていた。千葉県では市原市の沿岸部と長南町で、比率が高いメッシュが見られた。

図表 5-6 は、第三次産業就業者比率を示している。足立区・荒川区・葛飾区・江戸川区を除く東京 23 区は平均値である 63.9％を超えるメッシュで占められていた。山手線から郊外に延びる鉄道沿線に比率が高いメッシュが広がっていることがわかる。

図表 5-7 と図表 5-8 は、完全失業率を示している。1990 年では、比率が高いメッシュは東京 23 区東部に位置する北区・足立区・荒川区・台東区・墨田区・葛飾区・江東区と、西部に位置する中野区に集中していた。2010 年になると平均値が 6.2％へと 3.8 ポイント上昇したものの、分布には大きな変化は見られなかった。

（3）職業階層と学歴

居住者の社会経済的地位を検討するために、職業階層と学歴の分布を見る。図表 5-9 と図表 5-10 は、管理職比率を示している。

1990 年では、都心三区と文京区・豊島区・練馬区から南西方向に、神奈川県川崎市・横浜市を経て鎌倉市・逗子市まで、比率が高いメッシュが面的に広がっている。埼玉県ではさいたま市に、千葉県では柏市・流山市と市川市から千葉市にかけての東京湾岸沿いに集中していた。2010 年には東京都文京区・千代田区・渋谷区・港区、神奈川県鎌倉市・逗子市に集中するのみとなった。

次に、サービス職比率について検討する。日本標準職業分類も、1990 年から 2010 年までの間に 2 回の改定を経ているため、2010 年のみを示すことにする。

2010 年（図表 5-11）では、神奈川県横浜市から三浦半島にかけて比率が高いメッシュが集中している。一方、東京 23 区の北東部にも平均値である 10.5％を超えるメッシュが広がっている。これは前述したとおり、「介護サービス職業従事者」と「保健医療サービス職業従事者」が新たにサービス業として追加されたことによるものと推測される。

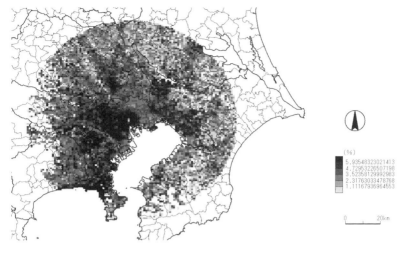

(%)
5.9354832302141 3
4.72953226507198
3.52358129992983
2.31763033478768
1.11167936964553

0   20km

図表 5-9　管理職比率 1990

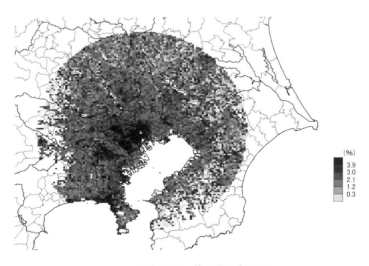

(%)
3.9
3.0
2.1
1.2
0.3

図表 5-10　管理職比率 2010

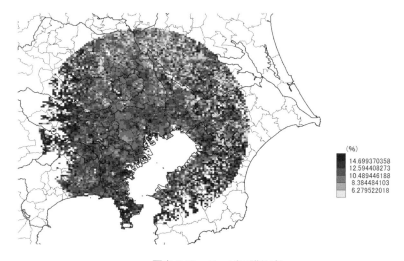

(%)
14.699370358
12.594408273
10.489446188
8.384484103
6.279522018

図表 5-11　サービス職比率

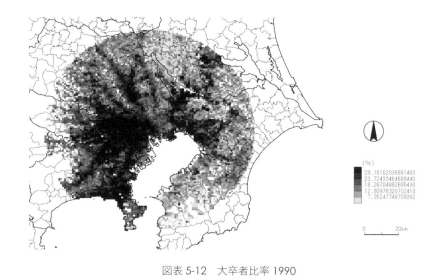

(%)
29.18162036681460
23.72433464688440
18.26704892695430
12.80976320702410
7.35247748709392

0　　　20km

図表 5-12　大卒者比率 1990

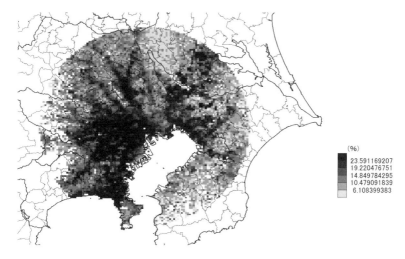

(%)
23.591169207
19.220476751
14.849784295
10.479091839
6.108399383

図表 5-13 大卒者比率 2010

　1990年の大卒者比率については、足立区・荒川区・葛飾区・江戸川区を除く東京23区は、大卒者比率が平均値＋標準偏差である29.2%以上のメッシュで占められていた。そこから郊外に延びる鉄道沿線に比率が高いメッシュが広がっていることがわかる。この分布パターンは、2010年においても変化がなかった。

（4）流入と定住
　流入人口が多い地域と、定住傾向が強い地域とを描き出してみよう。図表5-14と15は、居住期間5年未満世帯比率を示している。
　1990年には、東京都では山手線の西側地域に比率が高いメッシュが集中しており、神奈川県では東京都に隣接している川崎市と横浜市北部において集中し、埼玉県では郊外に延びる鉄道沿線に、千葉県では東京湾岸に、茨城県ではつくば市南部に、集中していた。2010年には、豊島区・新宿区・中野区・杉並区において17.7%未満のメッシュが多く見られた。それ以外の地域については、両時点で分布に変化は見られなかった。

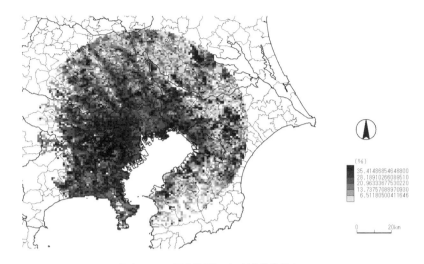

(%)
35.41486854648800
28.18910266089510
20.96333677530220
13.73757088970930
6.51180500411646

0   20km

図表 5-14　居住期間 5 年未満世帯比率 1990

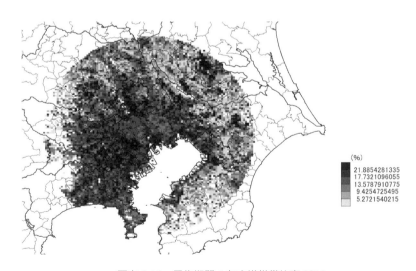

(%)
21.8854281335
17.7321096055
13.5787910775
9.4254725495
5.2721540215

図表 5-15　居住期間 5 年未満世帯比率 2010

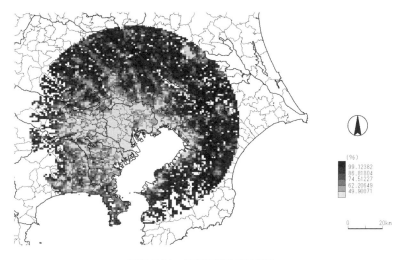

図表 5-16　持家世帯比率 1990

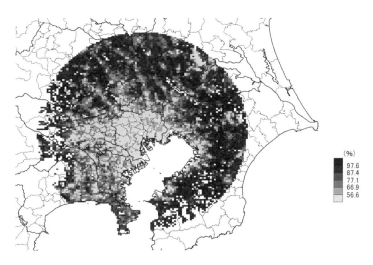

図表 5-17　持家世帯比率 2010

一方、定住傾向を近似的に示す変数である持家世帯比率は、1990年と2010年ではほぼ同一の分布を示していた。埼玉県、茨城県、千葉県においては、東京都に隣接する地域、東京湾沿岸、郊外に延びる鉄道沿線以外では持家比率が高いメッシュが多い。この傾向は、2010年においても変化がなく、郊外地域において持家の住宅に居住し定住志向である住民が多いことを示している。

（5）通勤通学
国勢調査データに含まれている数少ないライフスタイルを反映した変数として、通勤・通学に関する変数を用いた。

図表5-18と19は自市区町村従業通学者比率である。1990年には、東京都では新宿区・千代田区・大田区・板橋区・足立区・江戸川区・八王子市において、比率が高いメッシュが集中していた。神奈川県では横須賀市と、相模原市・厚木市・平塚市・藤沢市の神奈川県県央部において比率が高いメッシュが集中していた。埼玉県では東京都に隣接した戸田市・八潮市・三郷市と、東京都と山間部の中間にあたる入間市・狭山市・川越市において比率が高いメッシュが集中していた。茨城県では古河市・境町・坂東市・常総市・つくば市・龍ケ崎市において比率が高いメッシュが集中していた。千葉県では野田市・柏市・成田市・千葉市・市原市・木更津市・茂原市において比率が高いメッシュが集中していた。

2010年になると、東京都は大田区の最南端と八王子市を除くと比率の高いメッシュは見られなくなった。それ以外の地域においては、1990年とほぼ同じ分布であった。

図表5-20と21は県内他市区町村従業通学者比率である。1990年では、平均値＋標準偏差にあたる28.2％以上という高い比率のメッシュは東京都全域と、神奈川県横浜市・綾瀬市・海老名市・茅ヶ崎市に集中していた。東京都町田市は神奈川県横浜市に通勤・通学する人が多いため、低い比率のメッシュが集中していた。また、足立区や江戸川区の一部は、自市区町村内従業通学者が多いため、低い比率のメッ

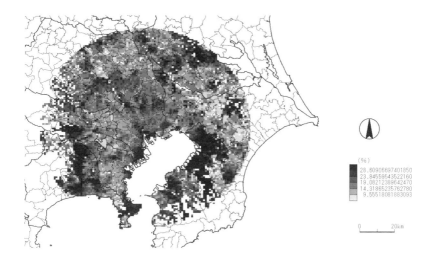

(%)
28.6090669740185O
23.8455954352216O
19.0821238964247O
14.318652357628O
9.5551808188309З

0   20km

図表 5-18　自市区町村従業通学者比率 1990

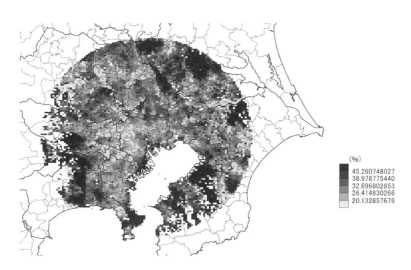

(%)
45.26074802727
38.978775440
32.696802853
26.414830266
20.132857679

図表 5-19　自市区町村従業通学者比率 2010

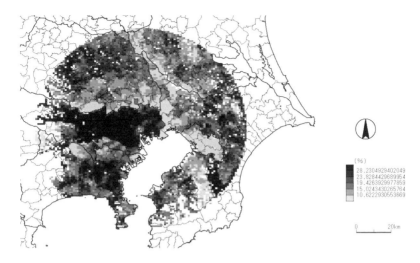

（%）
28.230492940 2049
23.828442968 9954
19.426392997 7859
15.024343026 5764
10.622293055 3669

0   20km

図表 5-20　県内他市区町村従業通学者比率 1990

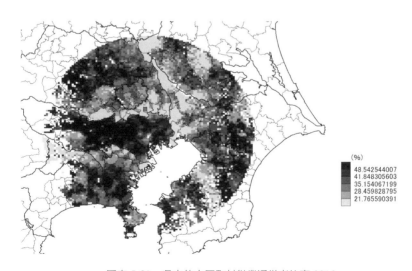

（%）
48.542544007
41.848305603
35.154067199
28.459828795
21.765590391

図表 5-21　県内他市区町村従業通学者比率 2010

シュが見られた。埼玉県入間市・狭山市・川越市・さいたま市・越谷市・三郷市とそれらより東京寄りの市区町村は、東京都への通勤・通学が多いため、低い比率のメッシュが集中していた。茨城県ではつくば市において、比率の低いメッシュが集中していた。千葉県では東京都・埼玉県に隣接した市区町村から市原市につらなる地域で比率が低いメッシュが集中していた。2010 年の分布は、1990 年の分布からほぼ変化は見られなかった。

　図表 5-22 と 23 は他県従業通学者比率である。1990 年では、東京都については町田市を除くほぼ全域が 4.6％未満のメッシュで占められていた。神奈川県では東京都に隣接する市区町村と鉄道沿線において、平均値＋標準偏差にあたる 17.2％以上という高い比率のメッシュが集中していた。埼玉県では郊外に延びる鉄道沿線において比率の高いメッシュが集中していた。千葉県では東京都に隣接する市区町村から千葉市までの東京湾沿岸部において、高い比率のメッシュが集中していた。これらの分布は、2010 年も変化がなかった。

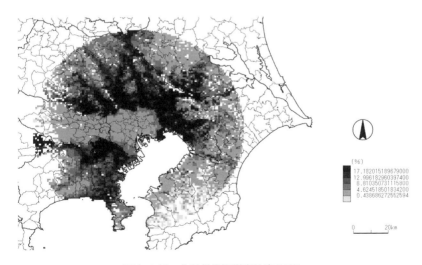

(%)
17.182015189679000
12.996182960397400
8.810350731115800
4.624518501834200
0.438686272552594

0　　　20km

図表 5-22　他県従業通学者比率 1990

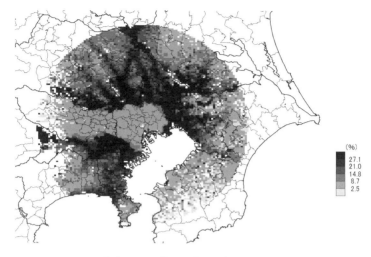

(%)
27.1
21.0
14.8
8.7
2.5

図表 5-23　他県従業通学者比率 2010

4. 社会地区分析で捉えた経年変化

　最後に、K-means 法クラスター分析によって 1990 年から 2010 年までの東京圏の社会地区を析出した結果を示しておこう。析出された社会地区を地図上に示したのが図表 5-24 から 26（口絵に掲載）、各クラスターの特性を示したのが、図表 5-27 から 29 である。

（1）1990 年の社会地図

　1990 年データを用いて、K-means 法クラスター分析によって析出した社会地区を図表 5-24 に示した。また、分析に用いた 13 変数について社会地区ごとの平均値を求め、東京圏全体の平均値との差を見ることで、各社会地区の特徴を分析した（図表 5-27）。以下、各社会地区の分布と特徴を記述する。

　「都心市街地区」は、東京都 23 区西部から多摩市・国立市までにかけての地域と、神奈川県横浜市の東京湾岸部に分布していた。この社会地区は、第三次産業就業者比率・大卒者比率・管理職比率・サービ

ス職比率・県内他市区町村従業通学者比率の平均値が高いという特徴
を持つ。

「郊外ホワイトカラー都心通勤者地区」は、東京都に隣接する市区町
村および郊外に延びる鉄道沿線に分布していた。この社会地区は、第
三次産業就業者比率・大卒者比率・管理職比率・他県従業通学者比率
の平均値が高いという特徴を持つ。

「郊外ホワイトカラー持家地区」は、「郊外ホワイトカラー都心通勤
者地区」を取り囲む形で分布していた。この社会地区は、第三次産業
就業者比率・持家世帯比率・他県従業通学者比率の平均値が高いとい
う特徴を持つ。

「高齢第二次産業地区」は、埼玉県県央部、茨城県南部に集中してい
た。この社会地区は、後期高齢者比率・第二次産業就業者比率・持家
世帯比率の平均値が高いという特徴を持つ。

「地元勤務第二次産業地区」も、埼玉県県央部、茨城県南部に集中し
ており、加えて東京都足立区・荒川区・墨田区・江戸川区、神奈川県
県央部と千葉県の市原市から富津市にかけての東京湾岸から少し陸地
に上がった地域に集中していた。この社会地区は、第二次産業就業者
比率・自市区町村内従業通学者比率の平均値が高いという特徴を持つ。

「地元勤務第二次産業子育て地区」は、「地元通勤第二次産業地区」
の分布とほぼ重なっているが、それに加えて東京都大田区にも分布し
ていた。この社会地区は、5歳以下人口比率・第二次産業就業者比率・
自市区町村内従業通学者比率の平均値が高いという特徴を持つ。

「地元勤務第三次産業子育て地区」は、茨城県つくば市に集中してい
た。この社会地区は、5歳以下人口比率・第三次産業就業者比率・居
住期間5年未満世帯比率・サービス職比率・自市区町村従業通学者比
率の平均値が高いという特徴を持つ。

「人口流入子育て地区」は、面的な広がりは見せず、各都道府県に点
在していた。この社会地区は、5歳以下人口比率・居住期間5年未満
世帯比率の平均値が高いという特徴を持つ。

「高齢持家地区」は、茨城県南部と千葉県に広く分布していた。この

図表 5-27　各クラスターの特性（60km 圏・1990 年）

	5 歳以下人口比率	後期高齢者比率	完全失業率	第二次産業就業者比率	第三次産業就業者比率
都心市街地区	-	-	++	-	++
郊外ホワイトカラー都心通勤者地区	++	-	++	-	++
郊外ホワイトカラー持家地区	--	-	+	-	+
高齢第二次産業地区	+	++	-	++	--
地元勤務第二次産業地区	+	-	+	++	-
地元勤務第二次産業子育て地区	+	--	++	++	+
地元勤務第三次産業子育て地区	++	-	--	--	++
人口流入子育て地区	++	++	-	-	+
高齢持家地区	--	++	-	--	-

図表 5-28　各クラスターの特性（60km 圏・2000 年）

	5 歳以下人口比率	後期高齢者比率	完全失業率	臨時雇用比率	第二次産業就業者比率
都心市街地区	+	-	++	+	--
郊外ホワイトカラー都心通勤者地区	++	-	+	--	-
郊外ホワイトカラー持家地区	-	-	+	+	+
地元勤務第二次産業子育て地区	++	-	++	-	++
地元勤務第三次産業子育て地区	++	--	+	++	--
第二次産業持家地区	-	+	--	-	++
持家周辺地域通勤者地区	+	-	+	+	-
地元勤務高齢者地区	--	++	--	+	-
地元勤務持家地区	-	+	-	-	+

図表 5-29　各クラスターの特性（60km 圏・2010 年）

	5 歳以下人口比率	後期高齢者比率	完全失業率	派遣社員比率	第二次産業就業者比率
都心市街地区	+	-	-	++	--
郊外ホワイトカラー都心通勤者地区	++	--	--	++	-
郊外ホワイトカラー持家地区	+	-	+	-	-
第二次三次産業子育て地区	++	-	+	+	+
周辺部第二次産業子育て地区	++	-	+	++	+
第二次産業地区	-	++	-	-	++
持家通勤者地区	-	++	++	-	++
高齢者持家・人口流入地区	--	++	-	--	++
地元勤務持家地区	-	++	-	-	++

最終卒業学校大学卒業者比率	居住期間5年未満比率	持家世帯比率	管理職比率	サービス職比率	自市区町村従業通学	県内他市区町村従業通学	他県従業通学
++	+	--	++	++	-	++	--
++	++	-	++	+	-	-	++
+	+	++	++	+	-	-	++
--	--	++	-	-	-	-	-
-	+	-	-	+	++	-	-
+	+	--	-	++	++	-	-
+	++	-	--	++	++	-	-
++	++	+	+	-	--	-	++
--	--	++	--	-	-	-	--

第三次産業就業者比率	最終卒業学校大学卒業者比率	居住期間5年未満比率	持家世帯比率	管理職比率	サービス職比率	自市区町村従業通学	県内他市区町村従業通学	他県従業通学
++	++	+	-	++	++	-	++	-
++	++	+	-	++	+	-	-	++
+	+	+	+	++	-	-	-	++
+	+	-	-	+	++	-	-	
++	+	++	--	-	-	++	-	
-	-	--	++	-	--	-	+	
+	+	+	+	-	-	-	++	
-	--	++	++	-	+	+	-	
-	-	-	++	-	-	++	-	--

第三次産業就業者比率	最終卒業学校大学卒業者比率	居住期間5年未満比率	持家世帯比率	管理職比率	サービス職比率	自市区町村従業通学	県内他市区町村従業通学	他県従業通学
++	++	+	--	++	+	-	++	-
++	++	++	--	++	-	-	--	++
++	++	+	+	++	+	-	-	++
+	+	+	-	-	++	-	++	-
+	+	++	--	-	++	++	-	
--	--	--	++	-	-	+	-	
-	-	--	++	-	-	-	++	
-	--	++	++	++	+	++	-	
+	-	-	+	-	++	++	-	

社会地区は、後期高齢者比率・持家世帯比率の平均値が高いという特徴を持つ。

(2) 2000 年の社会地図

次に 2000 年データを用いて析出した社会地区を図表 5-25 に示した「都心市街地区」は、1990 年時と同様に東京都 23 区西部から多摩市・国立市までにかけての地域と、神奈川県横浜市の東京湾岸部に分布していた。2000 年ではこれに加えて、東京都 23 区東部および千葉県千葉市にも分布することとなった。この社会地区は、第三次産業就業者比率・大卒者比率・管理職比率・サービス職比率・県内他市区町村従業通学者比率の平均値が高いという特徴を持つ（図表 5-28）。

「郊外ホワイトカラー都心通勤者地区」は、1990 年時と同様に東京都に隣接する市区町村および郊外に延びる鉄道沿線に分布していた。この社会地区は、第三次産業就業者比率・大卒者比率・管理職比率・他県従業通学者比率の平均値が高いという特徴を持つ。

「郊外ホワイトカラー持家地区」も 1990 年時と同様に、「郊外ホワイトカラー都心通勤者地区」を取り囲む形で分布していた。この社会地区は、第三次産業就業者比率・持家世帯比率・他県従業通学者比率の平均値が高いという特徴を持つ。

「地元勤務第二次産業子育て地区」は、埼玉県県央部、茨城県南部に集中しており、加えて東京都足立区・墨田区・葛飾区・江戸川区、神奈川県県央部と千葉県の市原市から富津市にかけての東京湾岸から少し陸地に上がった地域に集中していた。この社会地区は、5 歳以下人口比率・第二次産業就業者比率・第三次産業就業者比率・自市区町村内従業通学者比率の平均値が高いという特徴を持つ。

「地元勤務第三次産業子育て地区」は、1990 年時にも集中していたつくば市に加えて、東京都大田区・八王子市などにも見られるようになった。この社会地区は、5 歳以下人口比率・第三次産業就業者比率・自市区町村従業通学者比率の平均値が高いという特徴を持つ。

「第二次産業持家地区」は、埼玉県県央部、茨城県南部、千葉県の山

間部に集中していた。この社会地区は、第二次産業就業者比率・持家世帯比率・県内他市区町村従業通学者比率の平均値が高いという特徴を持つ。

「持家周辺地域通勤者地区」は、神奈川県横浜市の一部、東京都あきる野市・福生市、千葉県の山間部に点在している。この社会地区は、持家世帯比率・県内他市区町村内従業通学者比率の平均値が高いという特徴を持つ。

「地元勤務高齢者地区」は、面的な広がりは見せず、千葉県内に点在していた。この社会地区は、後期高齢者比率・自市区町村従業通学者比率の平均値が高いという特徴を持つ。

「地元勤務持家地区」は、「第二次産業持家」地区と重なっているが、特に千葉県の山間部に多く分布していた。この社会地区は、持家世帯比率・自市区町村従業通学者比率の平均値が高いという特徴を持つ。

(3) 2010年の社会地図

次に2010年データを用いて析出した社会地区を図表5-26に示した。

「都心市街地区」は、2000年時とほぼ同様の分布を示した。この社会地区は、第三次産業就業者比率・大卒者比率・管理職比率・サービス職比率・県内他市区町村従業通学者比率の平均値が高いという特徴を持つ（図表5-29）。

「郊外ホワイトカラー都心通勤者地区」は、2000年時と同様に東京都に隣接する市区町村および郊外に延びる鉄道沿線に分布していた。この社会地区は、第三次産業就業者比率・大卒者比率・管理職比率・他県従業通学者比率の平均値が高いという特徴を持つ。

「郊外ホワイトカラー持家地区」も2000年時と同様に、「郊外ホワイトカラー都心通勤者地区」地区を取り囲む形で分布していた。この社会地区は、第三次産業就業者比率・持家世帯比率・他県従業通学者比率の平均値が高いという特徴を持つ。

「第二・三次産業子育て地区」は、東京都足立区・葛飾区・江戸川区の一部に見られ、また武蔵村山市やあきる野市の一部にも見られた。

神奈川県では横浜市から県央部にかけて見られた。この社会地区は、5歳以下人口比率・第二次産業就業者比率・第三次産業就業者比率の平均値が高いという特徴を持つ。

「周辺部第二次産業子育て地区」は、神奈川県厚木市・平塚市、東京都日野市・大田区、茨城県つくば市、千葉県市原市の東京湾岸に分布していた。この社会地区は、5歳以下人口比率・第二次産業就業者比率・自市区町村内従業通学者比率の平均値が高いという特徴を持つ。

「第二次産業地区」は、茨城県南部に集中していた。この社会地区は、第二次産業就業者比率・持家世帯比率の平均値が高いという特徴を持つ。

「持家通勤者地区」は、埼玉県県央部、茨城県南部、千葉県に広く分布していた。この社会地区は、持家世帯比率・県内他市区町村従業通学者比率の平均値が高いという特徴を持つ。

「高齢者持家・人口流入地区」は、面的な広がりはもたず各地に点在している。この社会地区は、後期高齢者比率・持家世帯比率・居住期間5年未満世帯比率の平均値が高いという特徴を持つ。

「地元勤務持家地区」は、千葉県の山間部に多く分布していた。この社会地区は、持家世帯比率・自市区町村従業通学者比率の平均値が高いという特徴を持つ。

（4）サービス業従業者の再編

サービス職比率は図表 5-11 に示したとおり、神奈川県横浜市から三浦半島にかけて比率が高いメッシュが集中している一方で、東京23区の北東部にも平均値の 10.5％を超えるメッシュが広がっていた。このことは、東京圏全域でサービス産業化が進行したことを示している。一方で、サービス産業に従事する人々の所属階級が二分されたという議論があり、その点を確認する必要がある。

そこで、サービス産業の再分類を行い2枚の分布図を作成した。サービス産業のうち新中間階級に所属する者の比率を図表 5-30 に、労働者階級に所属する者の比率を図表 5-31 に示した。再分類にあたっては、電気ガス水道・情報通信・金融保険・不動産・学術研究・教育学

習支援・公務を新中間階級として、運輸・卸売小売り・宿泊飲食・生活関連を労働者階級として分類した。サービス産業従事者のうち新中間階級は、山手線内部と東京23区西側から、郊外に延びる鉄道沿線

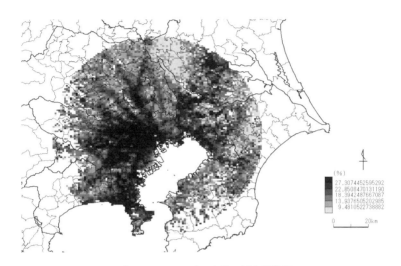

図表 5-30　サービス産業：新中間階級

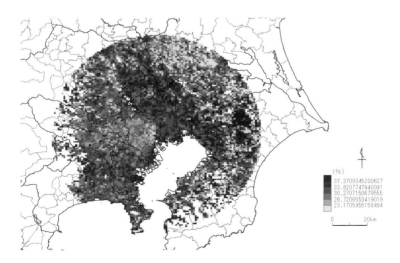

図表 5-31　サービス産業：労働者階級

に比率が高いメッシュが集中していた。また、千葉県流山市・守谷市から茨城県つくば市にかけてと、千葉市の東京湾沿岸にも比率が高いメッシュが集中していた。一方サービス産業従事者のうち労働者階級は、板橋区・大田区と東京23区東側から埼玉県と千葉県・茨城県の県境に沿って北に伸びる地域と、千葉県の印西市東部に比率が高いメッシュが集中していた。

　このように、サービス産業就業者を所属階級で再分類すると、2010年においても新中間階級と労働者階級のセグリゲーションが明瞭に見られることが示された。

5. 構造変化の方向とその論理

（1）日本社会全体の社会変動と連動した変化

　社会地図で捉えた経年変化と社会地区分析で捉えた経年変化をまとめておこう。まずは、変化の方向に地域差が少なく、東京圏全体で生じた変化についてまとめる。1990年から2010年にかけて、日本社会全体において少子高齢化が進行した。また、バブル崩壊以降、大幅な景気の回復を見ないままに今日に至っている。このような日本社会全体の社会変動は、東京圏にも等しくその影響をおよぼしていた。

（2）地域ごとの変化

　次に、変化の方向に地域差が大きく見られた変化についてまとめる。1990年時点では、東京都23区西部は第三次産業就業者比率、大卒者比率、流入人口比率、県内他市区町村従業通学者比率などが高く、この地域にホワイトカラー層が集住していたことがわかる。一方、東京23区東部と南部では、第二次産業就業者比率が高く、この地域にブルーカラー層が集住していたことがわかる。茨城県南部、埼玉県、神奈川県では、第二次産業就業者比率が高く、産業の空洞化が指摘されたものの、東京圏の周辺部においては製造業が厚く集積していたことがわかる。一方、千葉県には第一次産業就業者比率が相対的に高く、農村

地域が残存していたことがわかる。

　クラスター図以外の社会地図は省略したが、2000年になると、東京23区西部と同一の社会地区が東京23区東部と南部にも広がることとなった。1990年時点に見られたブルーカラーベルトはホワイトカラー層によって蚕食されることとなったのである。そして東京23区の周りを、都心に通勤するホワイトカラー比率が高い社会地区が取り囲み、その外側を第二次産業就業者比率が高い社会地区が、茨城県南部、埼玉県、神奈川県のみではなく千葉県までを含めて広がることとなった。1990年時点に千葉県に残存していた農村が工業地域に組み込まれていったことがわかる。

　2010年において、東京都23区など東京圏の都心部に近い地域では、それまでと大きな変化は見られなかった。その一方で東京圏の外縁部においては著しい変化が見られた。第二次産業就業者比率が高い社会地区は、茨城県南部の埼玉県境のみに集積することとなり、それ以外は県内他市区町村従業通学者比率が高い社会地区に覆われることとなった。この地域では工業団地内に倉庫が立ち並ぶこととなり、物流関連の産業が集積することとなった。長時間通勤により都内に通勤するのではなく、県内の他市区町村にできた物流施設に通勤する人々が増加したことがうかがえる。

（3）都心部での変化と周辺部での変化

　これらの変化は、都心部での変化と周辺部での変化に大別できる。1990年から2010年にかけて、職業構造が両極化し、技能・所得水準が中程度のマニュアル労働者層が減少した。この社会変動の影響は主に都心部において、サービス産業就業者の大量の集積と、それを担う新中間層と労働者階級のセグリゲーションとして現れていた。また、経済のグルーバル化にともなう国内外での分業体制の進展により物流関連産業が発達し、それが周辺部において茨城県南部への製造業の集積と、千葉県などへの物流施設の集積として現れていた。

（4）旧中間層の崩壊と時間差ジェントリフィケーション

　都心部にはこれまで、都市自営業層と呼ばれた旧中間層が、特に東京23区東部および南部にかけて集住していると指摘されてきた。高度経済成長期に東京23区東部および南部に流入した人々は、主に1930年代に地方で生まれた嫡子以外の者たちであり、都市自営業層として流入した。この人々が1970年代から1980年代にかけて経営者となり、資本家階級化を遂げた。

　しかしながら、1980年代以降この都市自営業層は、高齢化にともない家業を廃業することとなった。一方で、子どもたちは家業を継がずサービス産業に就業することとなり、新中間階級へと吸収されていった。バブル期までは都心の地価は高く、子育てができるような居住スペースのあるマンションを都心で求めることは困難であり、多くの人々が郊外化した。しかしながら、1990年代以降、東京23区東部および南部は地価が相対的に安いこと、不況に苦しむ企業が寮や倉庫などを売却したためその跡地がミニ開発されたことなどからマンションブームが起き、新中間階級となった子どもたちは、郊外へ流出することなくこの地に留まることになった。

　このようにして、旧中間層である都市自営業層は住み続けたまま労働市場からはフェードアウトすることとなり、代わりに新中間階級の子どもたちが労働市場の主役となった。旧中間層が消えて新中間階級が支配的になるという現象は、欧米では下層階級を上流階級が追い出す形でのジェントリフィケーションとして観察されている。しかしながら東京23区東部および南部で観察された現象は、旧中間層が空間的に追い出されておらず、世代交代がなされる中で生じていたことに特徴がある。そのため橋本はこれを、時間差ジェントリフィケーションと呼んだのである（橋本2017）。

第6章　地方都市の社会空間構造

1.　中部地方

前章までは、東京圏の実証研究について述べてきた。本章では、東京圏を含む大都市圏に人口を供給してきた地方都市の実証研究について述べることとする。本章では、東海道新幹線、北陸新幹線および九州新幹線により、東京大都市圏、名古屋大都市圏、京阪神大都市圏という三大都市圏に直結している地方都市の社会空間構造の変化を分析する。中部地方としては、第1次地域区画のうちの11区画（1次メッシュ番号：5536, 5537, 5538, 5436, 5437, 5438, 5336, 5337, 5338, 5236, 5237）を分析対象地域とした。また九州地方としては、第1次地域区画の4区画（1次メッシュ番号：5030, 4930, 4830, 4730）を分析対象とした。

表章単位は、1辺が約1kmである標準地域メッシュ（3次メッシュ）を用い、データには2010年国勢調査を用いた。社会地図は、平均値と標準偏差を用いて6段階に塗り分ける方法を用いて描画した。なお、地図中の実線は都道府県および市区町村の境界を示しており、白線はJRを示している。

（1）人口構成

最初に人口構成について検討する。図表6-1は人口密度である。表章単位が標準地域メッシュ（1辺が約1kmのメッシュ）であるので、メッシュ単位で表章された人口総数は人口密度を示す。階級区分の方法は分位数で5段階に分類した。

長野県については、愛知県豊橋市から長野県飯田市を経て松本市へと続く飯田線、東京都新宿駅から山梨県甲府市を経て松本市へと続く

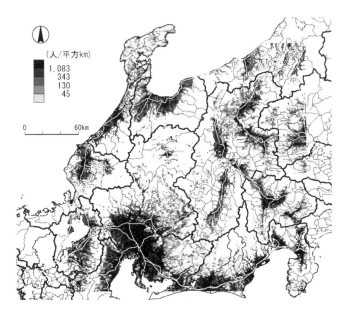

図表 6-1　人口密度

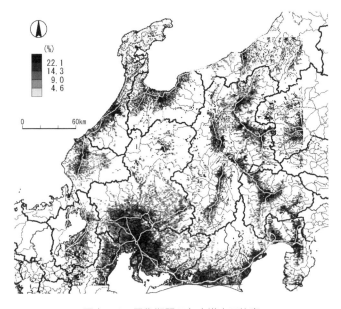

図表 6-2　居住期間 5 年未満人口比率

中央本線、松本駅から北上し新潟県糸魚川市へと続く大糸線沿線において、人口密度が高い地域が集中している。また、群馬県高崎市から長野県軽井沢町、上田市、長野市へと続く北陸新幹線沿線にも、人口密度が高い地域が集中している。

富山県は富山市を中心とした富山湾沿岸部に、石川県は金沢市を中心とした日本海沿岸部に、福井県は北陸本線沿線である福井市、鯖江市、越前市に人口密度が高い地域が集中している。滋賀県では、琵琶湖南岸の長浜市、彦根市、野洲市にかけて、人口密度が高い地域が集中している。

愛知県は名古屋市を中心として人口密度が高い地域が広域にわたって集中している。静岡県は、浜松市、静岡市といった東海道本線沿線に人口密度が高い地域が集中している。

図表 6-2 は居住期間 5 年未満人口比率である。階級区分の方法は分位数で 5 段階に分類した。22.1% 以上と高い比率を示す地域は、人口密度（図表 6-1）が高い地域に重なっていることが多い。

図表 6-3 は人口増加率である。少子高齢化の進行にともない、自然増が減少していることから、人口増加率はもっぱら社会増によってもたらされることになる。地図からも、流入人口比率が高い地域で人口増加が生じていることがわかる。

次に、年齢階級別人口について検討する。図表 6-4 は年少人口比率、図表 6-5 は生産年齢人口比率を示している。どちらにおいても、高い比率を示す地域は人口密度（図表 6-1）が高い地域とほぼ重なっている。したがって、人口密度が高い地域において、人口の再生産が行われていることが示唆される。

図表 6-6 は老年人口比率である。鉄道沿線や海岸沿いなど人口密度（図表 6-1）の高い地域よりも、内陸部や半島部において比率が高い。このことから、中部地域における少子高齢化は、鉄道を中心とした交通網が整備されていない内陸部や半島部などで進行していることがわかる。ただし、長野県では、飯山線と大糸線の間に広がる長野市において老年人口比率が高い地域が多く見られる。市域が広く山間部を含む

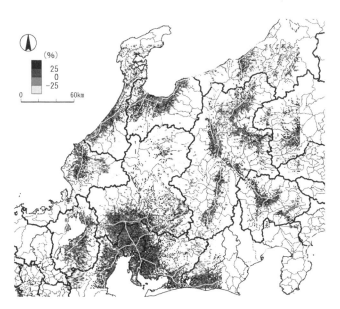

図表 6-3　人口増加率 2000-2010

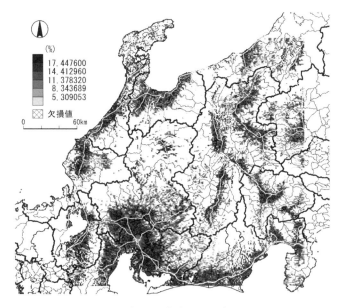

図表 6-4　年少人口比率

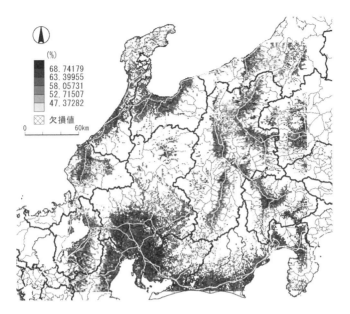

図表 6-5　生産年齢人口比率

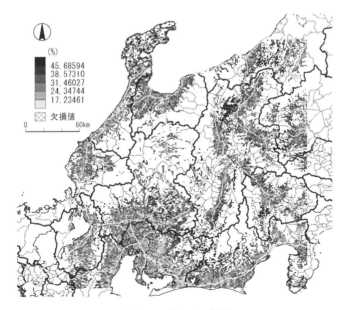

図表 6-6　老年人口比率

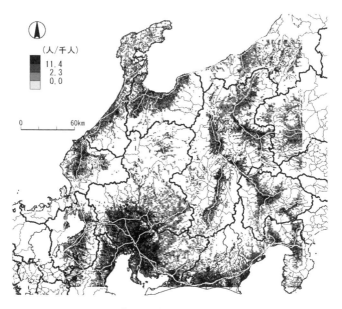

図表 6-7　外国人人口比率

　この地域では、少子高齢化が進行していることがわかる。
　図表 6-7 は外国人人口比率（人口 1,000 人に占める割合）を示している。
階級区分は分位数で 4 段階に分類した。人口 1,000 人当たり 11.4 人以
上という高い比率を示す地域は、人口密度（図表 6-1）が高かった地域
と重なっている。愛知県と静岡県については、後述する第二次産業就
業者比率（図表 6-16）が高い地域と重なっている。長野県と富山県に
ついては、第一次産業就業者比率（図表 6-15）が高い地域と重なって
いる。これらのことから、外国人が労働力としてこれらの地域の産業
を支えていることがうかがえる。

（2）世帯構成

　図表6-8は単身世帯比率を示している。比率が高い地域は、名古屋市の中心部、金沢市などに限られている。

　図表6-9は核家族世帯比率である。長野県については、南部の飯田市周辺と北部の飯山市で比率の高い地域の集中が見られる。新潟県は上越市で比率の高い地域が集中している。富山県では石川県との県境付近に比率の高い地域が集中している。

　図表6-10は6歳未満の親族、すなわち未就学児のいる世帯比率である。核家族世帯比率（図表6-9）の分布と必ずしも重ならないことから、核家族世帯が必ずしも夫婦と幼少の子どもたちから成っているわけではないことが示唆される。すなわち、学齢期もしくは学齢期を過ぎた子どもとその親という構成の核家族も少なくないと考えられる。

　図表6-11は65歳以上親族、すなわち高齢者のいる世帯比率である。老年人口比率（図表6-6）と同様の分布を示している。

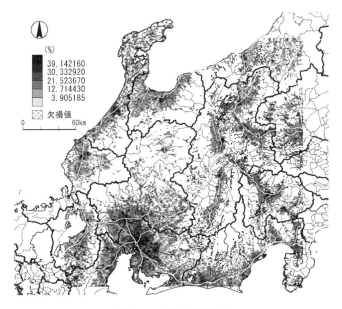

図表 6-8　単身世帯比率

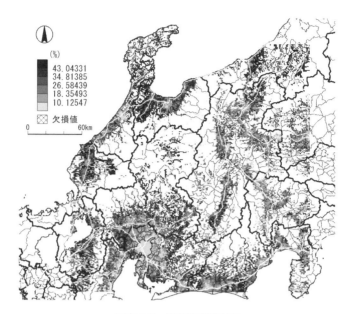

(%)
43. 04331
34. 81385
26. 58439
18. 35493
10. 12547
欠損値

0   60km

図表 6-9　核家族世帯比率

(%)
15. 952460
12. 491900
9. 031345
5. 570787
2. 110230
欠損値

0   60km

図表 6-10　6歳未満親族のいる世帯比率

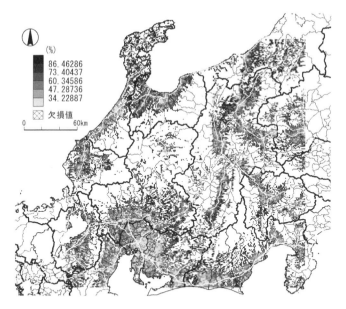

図表 6-11　65歳以上親族のいる世帯比率

　図表6-12は高齢単身世帯比率である。生産年齢人口比率が高い地域が集中していた名古屋市中心部においても、14.3%以上という高い比率を示す地域が見られる。

　図表6-13は高齢夫婦のみ世帯比率である。25.6%以上の高い値を示す地域は長野県長野市に集中している。

　図表6-14は持家世帯比率である。図表6-2に示した居住期間5年未満人口比率の分布とおおむね重なっている。ただし比率が高い地域は、主要なターミナル駅からはやや離れたところに位置しており、そのような地域に持家を求め流入していることが示唆される。

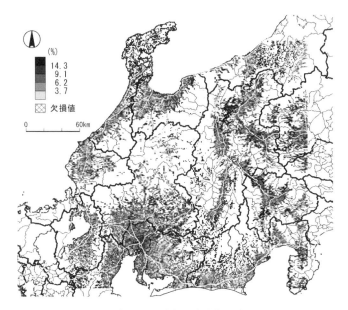

(%)
14.3
9.1
6.2
3.7
欠損値

0　　　　60km

図表 6-12　高齢単身世帯比率

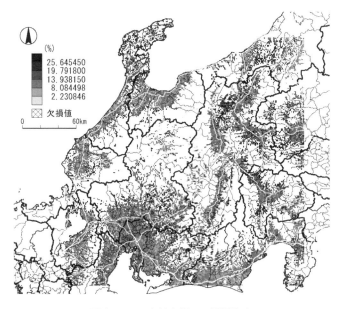

(%)
25.645450
19.791800
13.938150
8.084498
2.230846
欠損値

0　　　　60km

図表 6-13　高齢夫婦のみ世帯比率

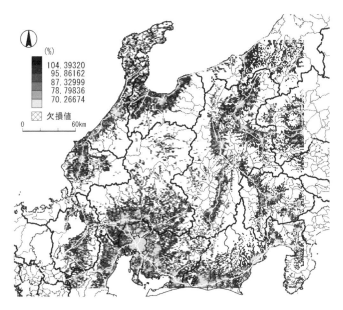

図表 6-14　持家世帯比率

（3） 産業構造

　図表 6-15 は第一次産業就業者比率であり、分位数 5 段階で区分した。20.0% 以上という高い比率を示す地域は、長野県と、静岡県の牧之原市・菊川市・御前崎市付近に集中している。

　図表 6-16 は第二次産業就業者比率である。比率が高い地域が集積しているのは、群馬県では富岡市付近、長野県では伊那市・岡谷市・諏訪市・茅野市付近、富山県では富山湾沿岸の黒部市・魚津市付近、石川県では小松市付近、福井県では鯖江市付近、愛知県では知立市・刈谷市・高浜市付近であった。

　図表 6-17 は第三次産業就業者比率である。比率の高い地域は、静岡県では静岡市・浜松市・伊豆市に集中している。山梨県では甲府市に集中している。長野県では、松本市と長野市に集中している。富山県

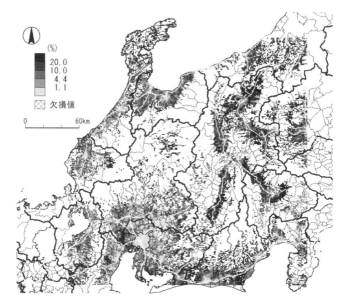

図表 6-15　第一次産業就業者比率

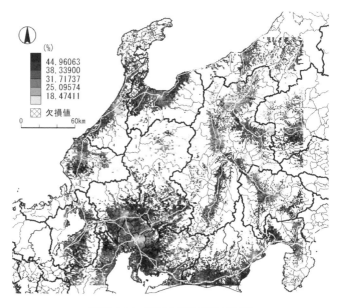

図表 6-16　第二次産業就業者比率

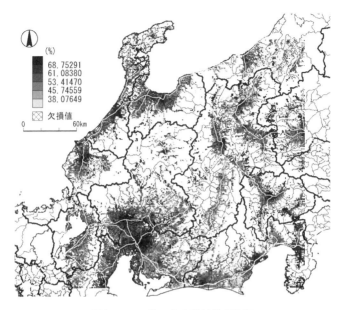

図表 6-17　第三次産業就業者比率

では富山市に、石川県では金沢市に、福井県では福井市に集中している。岐阜県では岐阜市に、愛知県では名古屋市に集中している。

(4) 社会階層

　図表 6-18 は最終卒業学校が高校である者の比率である。54.7% 以上という高い値を示した地域は、長野県では佐久市から千曲市にかけての北陸新幹線沿線地域に、新潟県では上越市に集中していた。

　図表 6-19 は大卒者比率である。18.0% 以上という高い値を示した地域は、山梨県では甲府駅から北西に伸びる中央本線沿いに、富山県、石川県、福井県では富山市、金沢市、福井市といった県庁所在地に集中している。大卒者比率の高い地域の集積が最も広範囲に広がっているのは、愛知県の名古屋市周辺であった。

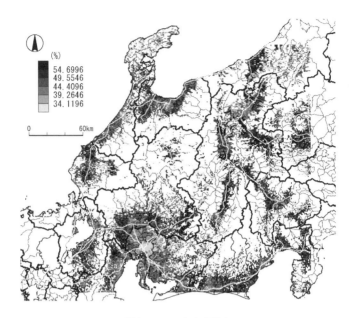

図表 6-18　高卒者比率

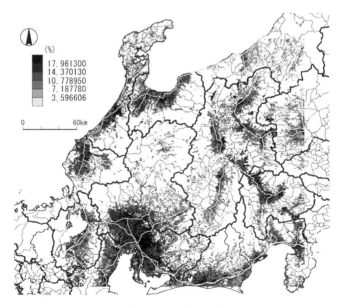

図表 6-19　大卒者比率

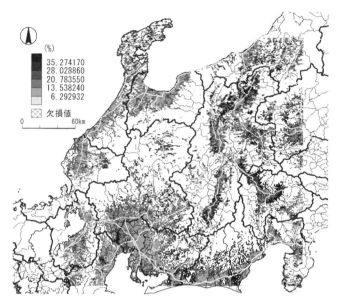

図表 6-20　自営業比率

　図表 6-20 は自営業比率である。35.3% 以上という高い値を示す地域
は、長野県北部と山梨県に集中していた。
　図表 6-21 は専門技術職比率である。平均値である 10.5% 以上の地域
が集積しているのは、富山県、石川県、福井県、愛知県の名古屋市か
ら岐阜県にかけての地域であった。
　図表 6-22 は事務職比率である。平均値である 14.4% 以上の地域が集
積しているのは、富山県、石川県、福井県、愛知県の名古屋市から岐
阜県にかけての地域であった。
　図表 6-23 は完全失業率である。10.1% 以上という高い値を示した地
域は、長野県小諸市に集中していた。
　図表 6-24 は正規職員比率である。74.6% 以上という高い値を示した
地域は富山県に集中していた。

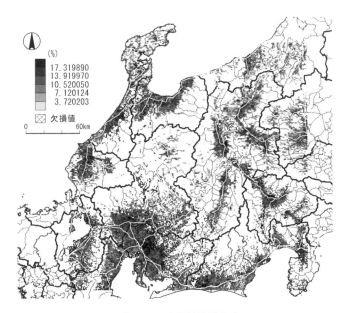

(%)
17. 319890
13. 919970
10. 520050
7. 120124
3. 720203
欠損値
0   60km

図表 6-21　専門技術職比率

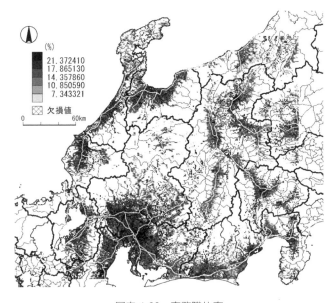

(%)
21. 372410
17. 865130
14. 357860
10. 850590
7. 343321
欠損値
0   60km

図表 6-22　事務職比率

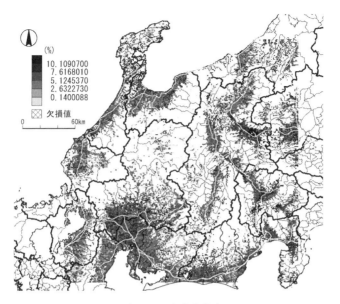

図表 6-23　完全失業率

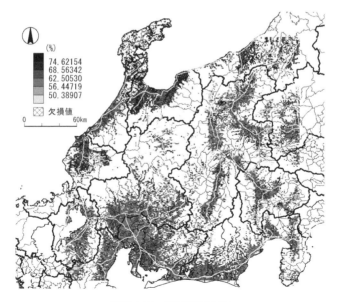

図表 6-24　正規職員比率

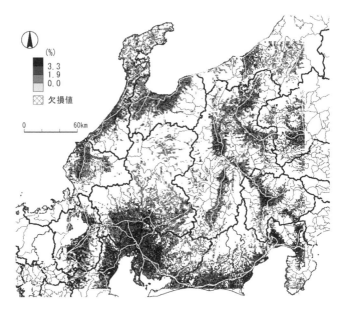

図表 6-25　派遣社員比率

　図表 6-25 は派遣社員比率であり分位数 4 段階で区分した。3.3% 以上という高い値を示したのは、三重県四日市市から静岡県沼津市まで連なる海沿いの地域であった。

（5）生活圏編成

　生活圏編成として、通勤・通学に関する社会地図を描いた。図表 6-26 は自市区町村で従業・通学している者の比率である。69.6% 以上という高い値を示した地域は、北陸三県では富山市、金沢市、福井市の県庁所在地に集中していた。長野県では、長野市、松本市、上田市、飯田市と、各盆地における中核都市に集中していた。愛知県では豊田市に、岐阜県では中津川市に集中していた。

　図表 6-27 は県内の他市区町村で従業・通学している者の比率である。44.8% 以上という高い値を示す地域は、自市区町村で従業・通学

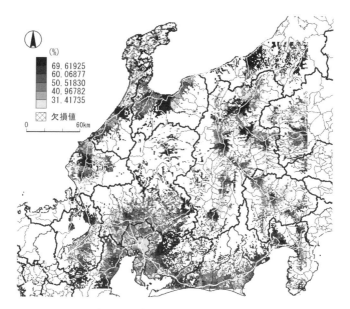

図表 6-26　自市区町村従業通学者比率

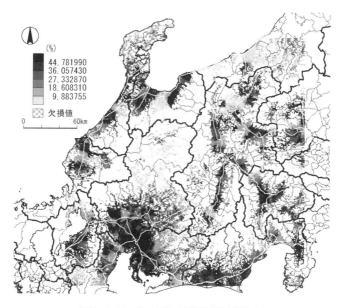

図表 6-27　他市区町村従業通学者比率

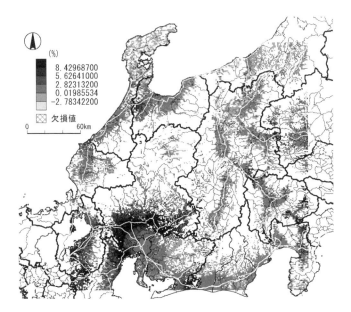

図表 6-28 他県従業通学者比率

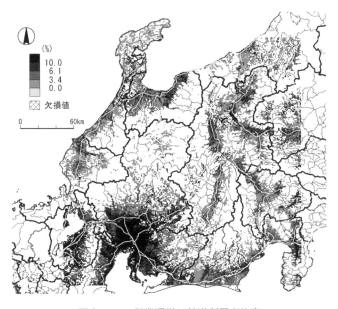

図表 6-29　従業通学に鉄道利用者比率

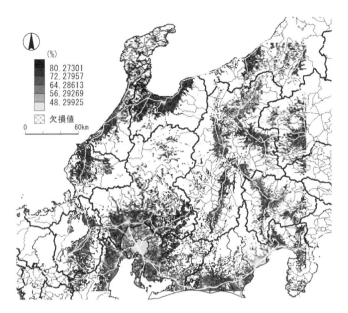

図表 6-30　従業通学に自家用車利用者比率

している者の比率（図表 6-26）が高かった地域の周辺に広がっている。また名古屋市は全域において、高い値を示していた。

　図表 6-28 は他県で従業・通学している者の比率である。各都道府県の県境に比率が高い地域が集中している。岐阜県、三重県のうち、名古屋市に接している地域では、高い値を示していた。

　図表 6-29 は、従業・通学に鉄道を利用している者の比率であり分位数 5 段階で区分した。10.0% 以上の高い値を示す地域は、名古屋市と滋賀県の琵琶湖湖東に集中していた。

　図表 6-30 は従業・通学に自家用車を利用する者の比率である。富山県、石川県、福井県において、80.3% 以上という高い値を示す地域が広く見られた。

(6) まとめと考察

　中部地方の中核都市は名古屋市である。人口密度および人口増加率が高く、生産年齢人口比率および年少人口比率も高い。次に人口が集中している地域は、静岡市などの東海地域、富山市・金沢市などの北陸地域、松本平、伊奈平、佐久平、長野市などの長野県の4つの盆地、山梨県の甲府市、群馬県の高崎市などであった。これらの地域のうち、松本平、伊那平と甲府市を除けば、他の地域はすべて新幹線によって東京に直結している。なかでも上越新幹線が通っている佐久市から上田市にかけては、生産年齢人口比率も年少人口比率も高い地域が見られた。

　産業別の就業者比率を見ると、第一次産業就業者比率が高い地域は長野県に、第二次産業就業者比率が高い地域は東海地域と北陸地域に、第三次産業就業者比率が高い地域は名古屋市に集中していた。これらの地域ではいずれも、外国人人口比率が高く、外国人が労働力としてこれらの地域の産業を支えていることが示唆された。また、生活圏を見ると、第一次産業就業者比率が高い地域では自市区町村で従業・通学する者の比率が高く、第二次産業就業者比率が高い地域では他市区町村で従業・通学する者の比率が高く、名古屋市周辺では他県で従業・通学する者の比率が高くなっていた。鉄道網が発達した名古屋圏では従業・通学に鉄道を利用する者の比率が高かったものの、それ以外の地域では、従業・通学に自家用車を利用する者の比率が高かった。

2. 九州地方

(1) 人口構成

　最初に人口構成について検討する。図表6-31は人口密度である。表章単位が標準地域メッシュ（1辺が約1kmのメッシュ）であるので、メッシュ単位で表章された人口総数が人口密度を示す。階級区分の方法は分位数で5段階に分類した。907人以上という高い値を示した地域は、福岡県では北九州市、中間市から飯塚市、田川市にかけての地域、福

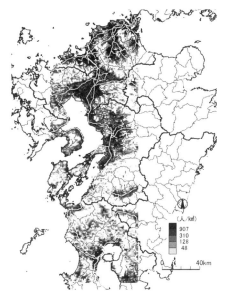

（人／km²）

907
310
128
48

0　　　　40km

図表 6-31　人口密度

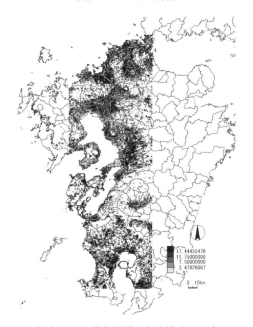

17. 44455478
11. 75000000
7. 50000000
3. 47826087

0　　10km

図表 6-32　居住期間 5 年未満人口比率

岡市、久留米市に集中していた。佐賀県と熊本県では佐賀市と熊本市に集中していた。鹿児島県では鹿児島市から霧島市にかけてと、鹿屋市に集中していた。

　図表 6-32 は居住期間 5 年未満人口比率である。階級区分の方法は分位数で 5 段階に分類した。図表 6-31 の人口密度と近似した分布を示している。

　次に、年齢階級別人口について検討する。図表 6-33 は年少人口比率であり図表 6-31 の人口密度に近似した分布を示している。生産年齢人口比率を図表 6-34 に示した。平均値である 57.0% 近傍の値を示す地域が多く、77.1% 以上の高い値を示す地域は散在していた。図表 6-35 は老年人口比率である。54.2% 以上の高い値を示す地域は、鹿児島市に集中していた。図表 6-36 は外国人人口比率（人口 1,000 人に占める割合）を示している。階級区分は分位数で 3 段階に分類した。図表 6-31 の人口密度と近似した分布を示していた。

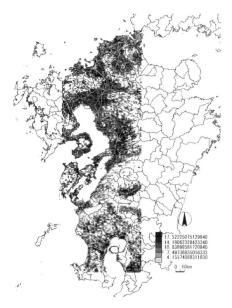

17. 52225075129840
14. 18067328425340
10. 83890581720840
7. 49736835016333
4. 15574088311830

0　10km

図表 6-33　年少人口比率

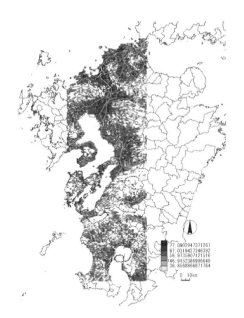

図表 6-34　生産年齢人口比率

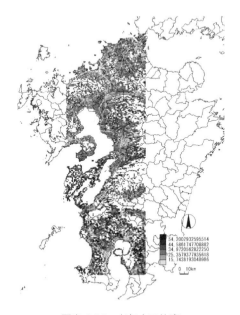

図表 6-35　老年人口比率

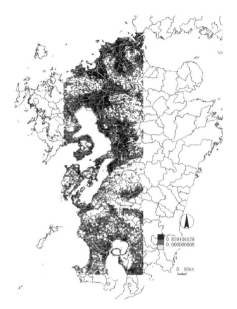

図表 6-36　外国人人口比率

（2）世帯構成

　図表 6-37 は単身世帯比率を示している。43.0% 以上という高い値を示す地域は、福岡市に集中していた。鹿児島県では集中せず、全域に散在していた。図表 6-38 は 6 歳未満の親族、すなわち未就学児のいる世帯比率である。14.4% 以上という高い値を示す地域は、福岡県では福岡市から久留米市にかけて、佐賀県では佐賀市において見られた。熊本県では熊本市を中心とした地域と、県南部のくま川鉄道沿線に広がっていた。鹿児島県では高い値を示す地域の集中は、他の県に比較して少ない。

　図表 6-39 は核家族世帯比率である。図表 6-31 の人口密度に近い分布を示していた。図表 6-40 は 65 歳以上親族、すなわち高齢者のいる世帯比率である。図表 6-31 の人口密度が高かった地域では、この比率は低いという傾向が見られた。

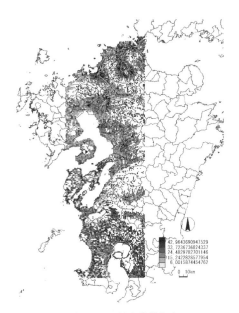

図表 6-37　単身世帯比率

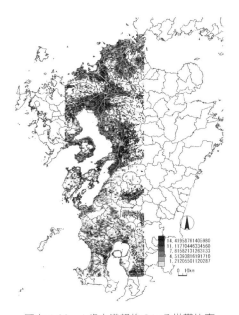

図表 6-38　6 歳未満親族のいる世帯比率

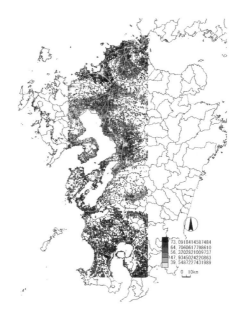

73.0918414587484
64.7060617798610
56.3202821009737
47.9345024220863
39.5487227431989

0 10km

図表 6-39　核家族世帯比率

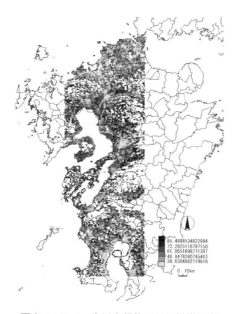

85.4998534822994
73.2825116797150
61.0651698771307
48.8478280745463
36.6304862719619

0 10km

図表 6-40　65歳以上親族のいる世帯比率

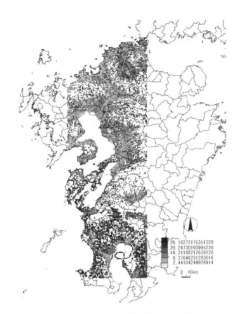

図表 6-41　高齢単身世帯比率

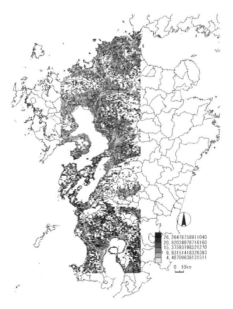

図表 6-42　高齢夫婦のみ世帯比率

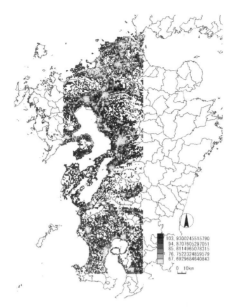

図表 6-43　持家世帯比率

　図表 6-41 は高齢単身世帯比率である。世帯総数に占める高齢単身世帯の比率が 26.2% 以上という高い値を示す地域は、鹿児島県に集中していた。高齢夫婦のみ世帯比率を示す図表 6-42 も同様の分布であった。
　図表 6-43 は持家世帯比率である。図表 6-40 の 65 歳以上親族のいる世帯比率と近似した分布を示している。

（3）産業構造
　図表 6-44 は第一次産業就業者比率である 40.9% 以上という高い比率を示す地域は鹿児島県の大隅半島および長崎県の南島原市に集中している。
　図表 6-45 は第二次産業就業者比率である。34.2% 以上という高い比率を示す地域は、福岡県では中間市、直方市、田川市にかけての筑豊地域と久留米市に集中していた。熊本県では、荒尾市から玉名市にか

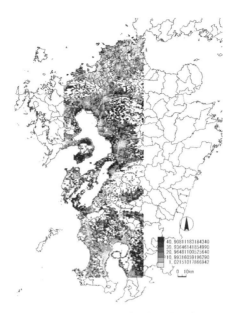

図表 6-44　第一次産業就業者比率

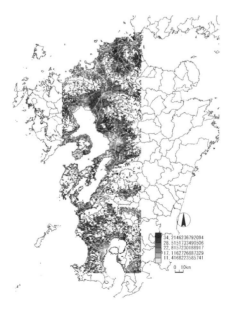

図表 6-45　第二次産業就業者比率

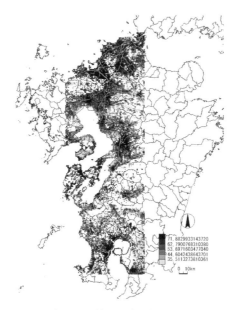

図表 6-46　第三次産業就業者比率

けて、鹿児島県では薩摩川内市と霧島市に集中していた。

　図表 6-46 は第三次産業就業者比率である。71.9% 以上の高い比率を示す地域は、福岡県福岡市、佐賀県佐賀市、熊本県熊本市、鹿児島県鹿児島市と鹿屋市に集中していた。

（4）社会階層

　図表 6-47 は高卒者比率である。図表 6-40 の 65 歳以上親族のいる世帯比率と近似した分布を示していた。図表 6-48 は大卒者比率である。図表 6-46 の第三次産業就業者比率と近似した分布を示していた。

　図表 6-49 は自営業比率である。図表 6-44 の第一次産業就業者比率と近似した分布を示していた。

　図表 6-50 は専門技術職比率である。図表 6-48 の大卒者比率と近似した分布を示している。

　図表 6-51 は事務職比率である。図表 6-50 の専門技術職比率と近似

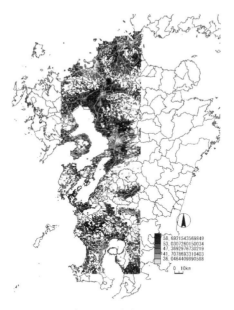

図表 6-47　高卒者比率

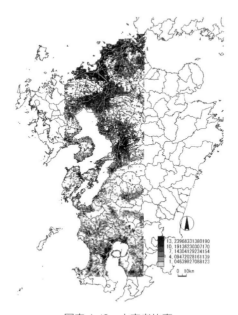

図表 6-48　大卒者比率

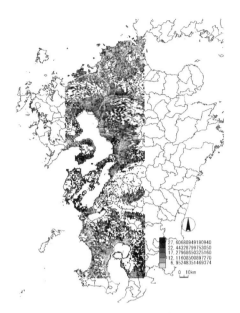

図表 6-49 自営業比率

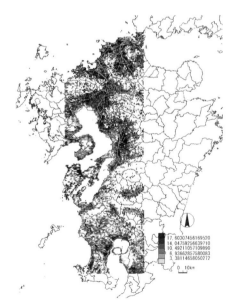

図表 6-50 専門技術職比率

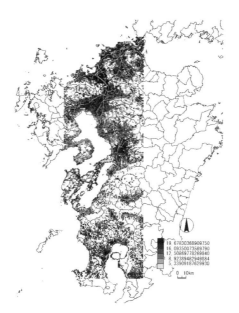

図表 6-51　事務職比率

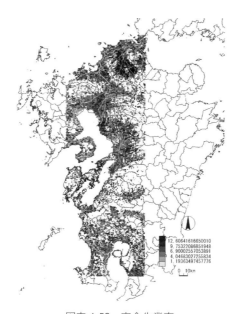

図表 6-52　完全失業率

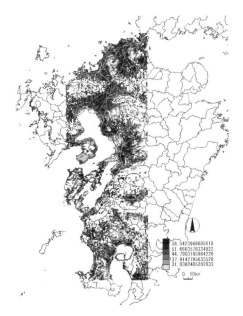

図表 6-53　正規職員比率

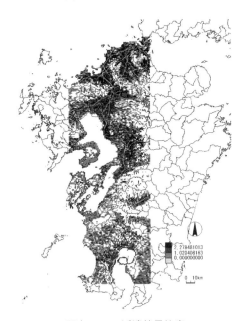

図表 6-54　派遣社員比率

した分布を示している。図表 6-52 は完全失業率である。12.6% という高い比率を示す地域は福岡県の筑豊地域に集中していた。図表 6-53 は正規職員比率である。図表 6-50 の専門技術職比率と近似した分布を示していた。

　図表 6-54 は派遣社員比率であり、分位数 4 段階で区分した。福岡県の筑豊地域、福岡市、久留米市、熊本県の熊本市に 2.3% 以上という高い比率の地域が集中していた。

（5）生活圏編成

　生活圏編成として、通勤・通学に関する社会地図を描いた。図表 6-55 は自市区町村で従業・通学している者の比率である。67.9% 以上という高い比率を示す地域は、福岡県では飯塚市に、佐賀県では佐賀市に、熊本県では熊本市に、鹿児島県では鹿児島市・霧島市、鹿屋市に集中していた。

　図表 6-56 は他市区町村で従業・通学している者の比率である。43.6% 以上の高い比率を示す地域は、福岡県では、久留米市より北部のほぼ全域に広がっていた。佐賀県では佐賀市以外、熊本県では熊本市以外、鹿児島県では鹿児島市、霧島市、鹿屋市以外に広がっていた。

　図表 6-57 は他県で従業・通学している者の比率である。福岡県、佐賀県、熊本県の県境に比率が高い地域が集中している。

　図表 6-58 は、従業・通学に鉄道を利用している者の比率であり、分位数 4 段階で区分した。6.4% 以上の高い比率を示す地域は福岡県に集中していた。

　図表 6-59 は従業・通学に自家用車を利用する者の比率である。福岡県では筑豊地域に比率が高い地域が集中していた。佐賀県、熊本県、鹿児島県では、県庁所在都市の周辺において比率が高い地域が集中していた。

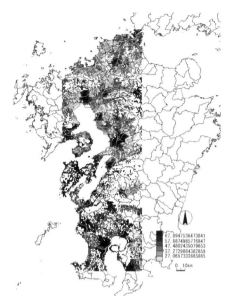

図表 6-55　自市区町村従業通学者比率

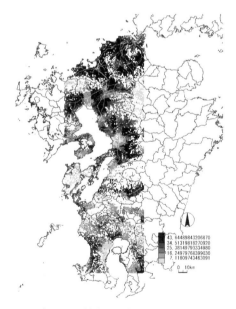

図表 6-56　他市区町村従業通学者比率

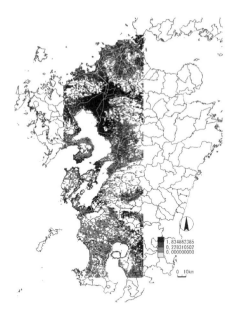

図表 6-57　他県従業通学者比率

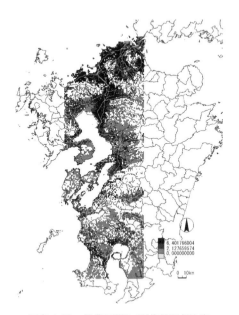

図表 6-58　従業通学に鉄道利用者比率

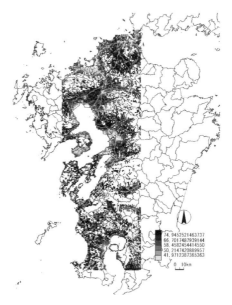

図表 6-59　従業通学に自家用車利用者比率

（6）まとめと考察

　九州地方において、人口密度が高い地域が集中しているのは北九州市から熊本市までであった。これらの地域は、九州新幹線によって大阪に直結している地域であるとみることもできると同時に、鉄道網によって福岡市に直結している地域であるとみることもできる。新幹線効果なのか、ローカルな鉄道網の効果であるのかは、今回分析に用いたデータだけで結論することはできないので、ここではその両方の効果があるものとして、考察を進める。

　これらの地域は、生産年齢人口比率も年少人口比率も高く、今後の人口の再生産が期待される。しかしながら、熊本県の熊本市より南の地域および鹿児島県においては、人口密度が高い地域はまばらであり、老年人口比率が高い。これらの地域においては、今後の地域社会の持続可能性が困難になることが危惧される。

産業構造について見ると、人口密度が高い地域では第二次産業および第三次産業就業者比率が高い。すなわち、第一次産業によって人口の再生産を維持していくことが今日では難しくなっていることがわかる。また、第二次産業就業者比率が高い地域において高卒者比率が高く、第三次産業就業者比率が高い地域において大卒者比率が高くなっていた。これは、九州地域においては、吉川徹が述べる「質の高い非大卒層」（Lightly Educated Guys：LEGs）が第二次産業を支えていることを示唆している（吉川 2018:247）。

　生活圏の編成について見ると、人口密度が高い地域が連なる北九州市から熊本市までにおいては従業・通学のために他の市区町村まで移動している人が多い。またこれらの地域においては、通勤・通学のために鉄道・電車を利用している者の比率が高い。一方、鹿児島県において自市区町村で従業・通学している者の比率が高い地域が多く、通勤・通学のために自家用車を用いている者の比率が高い。

　このように、九州新幹線によって大阪まで直結しており、ローカルな鉄道網によって福岡市に直結している九州地方は、熊本以北と以南において、社会空間構造が大きく異なっていることが示された。

3.　まとめと考察

　本章では、大都市圏に人口を供給してきた地方都市の社会空間構造の分析を行った。その結果、新幹線によって三大都市圏に直結している地方都市では、人口量も多く、生産年齢人口比率も高く、今後も人口の再生産が行われ社会の存続が見込まれる地方都市が多く見られた。その一方で、新幹線によって三大都市圏に直結していない地方都市は、人口密度が高い地域はまばらとなり、老年人口比率が高く、今後の地域社会の存続可能性が困難になることが危惧された。

第Ⅲ部

戦後日本都市の社会空間構造

第7章　人口移動から見た都市圏の形成過程

1.　戦後日本の人口移動

　これまで分析してきた東京圏および地方都市の社会空間構造は、戦後の日本社会が経験した、いかなる社会変動の影響を受けて形成されてきたのか。本章では、戦後日本都市の社会空間構造の形成過程を概観する。

　本章では、国勢調査データを用いて人口移動の様相を描き出すという方法をとるため、戦後の日本社会を5年単位で分類する。戦後、朝鮮戦争を契機に始まった高度経済成長期において日本社会は急速な経済成長を成し遂げた。この高度経済成長期を含む1955年〜1970年までを「高度経済成長期」とする。その後、オイルショックを契機として経済低成長期を迎える。そこで1970年〜1985年までを「経済低成長期」とする。1980年代からグローバル化が進行し、オフィスビルの需要が喚起され、地価バブルが生じた。バブルが崩壊するまでの1985年〜2000年を「バブル経済期」と分類する。バブル崩壊後、経済成長は回復せず、リーマンショック、東日本大震災など多くの自然災害にも見舞われている。この2000年〜2015年を「平成不況期」と分類する。

（1）高度経済成長期（1955年〜1970年）

　沖縄を除く46都道府県の、人口増加率と各都道府県人口が全国人口に占める構成比を、高度経済成長期について示したのが、図表7-1である。関東圏の埼玉県、千葉県、東京都、神奈川県において人口増加率が高い。この1都3県の中では、神奈川県と埼玉県が、87.5%、70.8%

図表 7-1　高度経済成長期の人口増加率と構成比

		高度経済成長期		
		人口増加率 (1970-1955)/1955		構成比 1955 年
北海道	北海道	8.6		5.3
東北	青森県	3.3		1.5
	岩手県	-3.9		1.6
	宮城県	5.3		1.9
	秋田県	-8.0		1.5
	山形県	-9.5		1.5
	福島県	-7.1		2.3
関東	茨城県	3.9		2.3
	栃木県	2.1		1.7
	群馬県	2.8		1.8
	埼玉県	70.8		2.5
	千葉県	52.7		2.5
	東京都	41.9		9.0
	神奈川県	87.5		3.3
北陸・甲信	新潟県	-4.5		2.8
	富山県	0.9		1.1
	石川県	3.7		1.1
	福井県	-1.3		0.8
	山梨県	-5.6		0.9
	長野県	-3.2		2.3
	岐阜県	11.0		1.8
東海	静岡県	16.6		3.0
	愛知県	42.9		4.2
	三重県	3.8		1.7
近畿	滋賀県	4.2		1.0
	京都府	16.3		2.2
	大阪府	65.0		5.2
	兵庫県	28.9		4.1
	奈良県	19.7		0.9
	和歌山県	3.6		1.1
中国・四国	鳥取県	-7.3		0.7
	島根県	-16.7		1.0
	岡山県	1.0		1.9
	広島県	13.4		2.4
	山口県	-6.1		1.8
	徳島県	-9.9		1.0
	香川県	-3.8		1.1
	愛媛県	-8.0		1.7
	高知県	-10.9		1.0
九州	福岡県	4.3		4.3
	佐賀県	-14.0		1.1
	長崎県	-10.2		2.0
	熊本県	-10.3		2.1
	大分県	-9.5		1.4
	宮崎県	-7.7		1.3
	鹿児島県	-15.4		2.3
	沖縄県			
	平均	7.4		2.2

（出所）総務省統計局『国勢調査』より作成。

と高く、東京都が 41.9% と最も低い。関東圏に次いで、近畿圏の都市の人口増加率が高い。なかでも大阪府が 65.0% と最も高い。近畿圏に次いで、東海圏が高く、なかでも愛知県が 42.9% と高かった。これら三大都市圏以外の地域は、そのほとんどで人口が減少している。すなわち、三大都市圏以外の地域から三大都市圏へと、人口が移動していたことがわかる。

　構成比について見ると、東京都が全国の人口の 9.0% を占めており、46 都道府県中、最も構成比が高い。次点は北海道の 5.3%、そして大阪府の 5.2%、福岡県の 4.3%、愛知県の 4.2% と続いていた。

(2) 経済低成長期（1970 年〜 1985 年）

　図表 7-2 は、経済低成長期の人口増加率と構成比を示している。人口増加率は、高度経済成長期とは大きく異なり、46 都道府県のすべてにおいて人口増加を示していた。特に人口増加が著しかったのは関東圏であり、なかでも埼玉県と千葉県であった。後ほど、東京都の社会動態データを用いて再度確認するが、東京都には戦後から経済低成長期までは、一貫して大量の人口が流入している。就学・就業のチャンスが多く、10 代後半から 20 代前半の若者が集中するからである。しかしながら、東京都内に定住することなく、埼玉県、千葉県、神奈川県を中心とした郊外へと移住していた。そのため、東京都の人口増加率は 3.7% と低く抑えられていたのである。

　近畿圏においても大きな変化が見られた。大阪府の人口増加率は 13.8% と低く、代わりに滋賀県と奈良県が、29.9%、40.3% と高い値を示していた。これも関東圏と事情は同じであり、就学・就業のチャンスを求めて大阪府に流入してきた人々も大阪府に住むことはできず、郊外の滋賀県、奈良県に居住地を求めたことが示唆される。東海圏は最も高い値を示していた愛知県でも 19.9% と、相対的には高くない値となった。

　構成比を見ると、東京都、大阪府、愛知県で全国の人口の約 1/4 を占めていた。経済低成長期の東京都と大阪府については人口の集積が著し

図表 7-2　経済低成長期の人口増加率と構成比

		経済低成長期	
		人口増加率 (1985-1970)/1970	構成比 1970 年
北海道	北海道	9.6	5.0
東北	青森県	6.8	1.4
	岩手県	4.6	1.3
	宮城県	19.6	1.8
	秋田県	1.1	1.2
	山形県	2.9	1.2
	福島県	6.9	1.9
関東	茨城県	27.1	2.1
	栃木県	18.1	1.5
	群馬県	15.8	1.6
	埼玉県	51.7	3.7
	千葉県	52.9	3.2
	東京都	3.7	11.0
	神奈川県	35.8	5.3
北陸・甲信	新潟県	5.0	2.3
	富山県	8.6	1.0
	石川県	15.0	1.0
	福井県	9.9	0.7
	山梨県	9.3	0.7
	長野県	9.2	1.9
	岐阜県	15.3	1.7
東海	静岡県	15.7	3.0
	愛知県	19.9	5.2
	三重県	13.2	1.5
近畿	滋賀県	29.9	0.9
	京都府	15.0	2.2
	大阪府	13.8	7.3
	兵庫県	13.1	4.5
	奈良県	40.3	0.9
	和歌山県	4.2	1.0
中国・四国	鳥取県	8.3	0.5
	島根県	2.7	0.7
	岡山県	12.3	1.6
	広島県	15.7	2.3
	山口県	6.0	1.5
	徳島県	5.5	0.8
	香川県	12.6	0.9
	愛媛県	7.9	1.4
	高知県	6.7	0.8
九州	福岡県	17.2	3.9
	佐賀県	5.0	0.8
	長崎県	1.5	1.5
	熊本県	8.1	1.6
	大分県	8.2	1.1
	宮崎県	11.8	1.0
	鹿児島県	5.2	1.7
	沖縄県		
	平均	13.7	2.2

（出所）総務省統計局『国勢調査』より作成。

く、住宅の供給が追いつかないため、郊外化が進行することとなった。

（3）バブル経済期（1985年〜2000年）

　世界の先進国が脱工業化という社会変動を迎え、FIREと呼ばれた金融業、保険業、不動産業のオフィスが先進国に集積し、開発途上国は世界の工場と呼ばれるようになったバブル経済期（図表7-3）。人口増加率はいずれの都道府県においても20%未満に抑えられた。相対的に低い水準ではあるが、高い値を示していたのは、関東圏の埼玉県、千葉県、神奈川県、近畿圏の滋賀県、奈良県であり、それぞれの圏域の郊外住宅地を含む県であった。

　一方、三大都市圏から空間的に離れた東北、中国・四国、九州地域では人口減少を示す県も見られるようになった。構成比を見ると三大都市圏で高く、なかでも東京都、大阪府が高い値を示していたが、それらを取り囲む県でも相対的に高い値を示すようになった。バブル期において、三大都市圏への人口の集中がさらに進行したことがわかる。

（4）平成不況期（2000年〜2015年）

　最後に、平成不況期について見る（図表7-4）。日本の人口は2005年にピークを迎え、その後緩やかに人口減少が続いている。そのため、人口増加が見られたのは関東圏の埼玉県、千葉県、東京都、神奈川県、東海圏の愛知県、近畿圏の滋賀県、大阪府、九州圏の福岡県と沖縄県のみであった。構成比を見る限り、三大都市圏へ人口が集中した状態に変化はないことが見て取れる。

　このように、戦後日本の人口移動からは、日本の都市の社会空間構造の形成過程について、次のような知見が得られた。まず、高度経済成長期を契機に、地方都市から三大都市圏への人口の流入が生じた。この頃、三大都市圏は人口増加、それ以外の地域は人口減少を経験した。三大都市圏への過度の人口集中が、地方都市の過疎化を招くことが懸念された最初の時期である。続いて経済低成長期では、地方都市でも人口増加が見られるようになったものの、三大都市圏への人口集中と

図表 7-3　バブル期の人口増加率と構成比

		バブル期	
		人口増加率 (2000-1985)/1985	構成比 1985年
北海道	北海道	0.1	4.7
東北	青森県	-3.2	1.3
	岩手県	-1.2	1.2
	宮城県	8.7	1.8
	秋田県	-5.2	1.0
	山形県	-1.4	1.0
	福島県	2.2	1.7
関東	茨城県	9.6	2.3
	栃木県	7.4	1.5
	群馬県	5.4	1.6
	埼玉県	18.3	4.8
	千葉県	15.1	4.3
	東京都	2.0	9.8
	神奈川県	14.2	6.1
北陸・甲信	新潟県	-0.1	2.0
	富山県	0.2	0.9
	石川県	2.5	1.0
	福井県	1.4	0.7
	山梨県	6.6	0.7
	長野県	3.7	1.8
	岐阜県	3.9	1.7
東海	静岡県	5.4	3.0
	愛知県	9.1	5.3
	三重県	6.3	1.4
近畿	滋賀県	16.2	1.0
	京都府	2.2	2.1
	大阪府	1.6	7.2
	兵庫県	5.2	4.4
	奈良県	10.6	1.1
	和歌山県	-1.6	0.9
中国・四国	鳥取県	-0.4	0.5
	島根県	-4.2	0.7
	岡山県	1.8	1.6
	広島県	2.1	2.3
	山口県	-4.6	1.3
	徳島県	-1.3	0.7
	香川県	0.0	0.8
	愛媛県	-2.4	1.3
	高知県	-3.1	0.7
九州	福岡県	6.3	3.9
	佐賀県	-0.4	0.7
	長崎県	-4.9	1.3
	熊本県	1.2	1.5
	大分県	-2.3	1.0
	宮崎県	-0.5	1.0
	鹿児島県	-1.8	1.5
	沖縄県	11.8	1.0
	平均	3.0	2.1

（出所）総務省統計局『国勢調査』より作成。

図表 7-4　平成不況期の人口増加率と構成比

		平成不況期			
		人口増加率 (2015-2000)/2000		構成比 2000 年	
北海道	北海道		-5.3		4.5
東北	青森県		-11.3		1.2
	岩手県		-9.6		1.1
	宮城県		-1.3		1.9
	秋田県		-14.0		0.9
	山形県		-9.7		1.0
	福島県		-10.0		1.7
関東	茨城県		-2.3		2.4
	栃木県		-1.5		1.6
	群馬県		-2.6		1.6
	埼玉県		4.7		5.5
	千葉県		5.0		4.7
	東京都		12.0		9.5
	神奈川県		7.5		6.7
北陸・甲信	新潟県		-6.9		2.0
	富山県		-4.9		0.9
	石川県		-2.3		0.9
	福井県		-5.1		0.7
	山梨県		-6.0		0.7
	長野県		-5.3		1.7
	岐阜県		-3.6		1.7
東海	静岡県		-1.8		3.0
	愛知県		6.2		5.5
	三重県		-2.2		1.5
近畿	滋賀県		5.2		1.1
	京都府		-1.3		2.1
	大阪府		0.4		6.9
	兵庫県		-0.3		4.4
	奈良県		-5.4		1.1
	和歌山県		-9.9		0.8
中国・四国	鳥取県		-6.5		0.5
	島根県		-8.8		0.6
	岡山県		-1.5		1.5
	広島県		-1.2		2.3
	山口県		-8.1		1.2
	徳島県		-8.3		0.6
	香川県		-4.6		0.8
	愛媛県		-7.2		1.2
	高知県		-10.5		0.6
九州	福岡県		1.7		4.0
	佐賀県		-5.0		0.7
	長崎県		-9.2		1.2
	熊本県		-3.9		1.5
	大分県		-4.5		1.0
	宮崎県		-5.6		0.9
	鹿児島県		-7.7		1.4
	沖縄県		8.8		1.0
	平均		-3.5		2.1

（出所）総務省統計局『国勢調査』より作成。

いうトレンドは変化がなかった。

　バブル経済期になると、再び三大都市圏から空間的に離れた地域の人口が減少し始め、一方で三大都市圏への人口の集中はますます進んだ。そして、人口総数のピークを過ぎた平成不況期となると、人口増加は主に関東圏のみで見られ、それ以外は軒並み人口減少を経験することとなった。人口減少時代を迎えた日本社会は、三大都市圏に大量に人口が集積しているという歪な形で、その局面を迎えることとなったのである。

2. 東京圏の形成過程

（1）東京圏のコーホート・シェア

　次に、東京圏の形成過程を概観する。大江（1995）に依拠して、東京圏のコーホート・シェアをグラフ化した。コーホート・シェアとは、ある5年間の出生時コーホートのうち、東京圏（ここでは埼玉県、千葉県、東京都、神奈川県の1都3県とする）で暮らしている者の割合を指す。対象としたのは、1931年〜1935年生まれコーホートから、2011年〜2015年生まれコーホートまでである。全17コーホートを同一のグラフに入れ込むと判別しにくいので、3枚のグラフに分けて掲載する。

　まず、1931年から1960年生まれまでを図表7-5（口絵に掲載）に示した。1930年代生まれは、人口転換期世代と呼ばれている。すなわち、きょうだい数が7〜8人であり、両親や祖父母と一緒に暮らすという大家族に生まれた。その後、長男が家を継ぎそれ以外は近郊の大都市または三大都市圏へと流入し、その地で両親と子どものみという核家族を形成した世代である。つまり、多産多死型の人口構造の中で生まれ、自らは少産少死型の人口構造を形成するに至った世代である。

　この人口転換期世代が10代後半から20代前半を迎えたのがちょうど、高度経済成長期である。前述したとおり、地方都市から三大都市圏への人口流入の傾向が見られたわけであるが、その流れを築いたの

が人口転換期世代とそれに続く世代であった。図表 7-5 が示すとおり、生まれたときのコーホート・シェアは 15% 程度であるが、10 代後半から 20 代前半にかけて東京圏に集中し、この世代の 20% が東京圏に集まることとなった。20 代後半以降は、比率の減少が見られる、すなわち東京圏から離れる人が見られたコーホート（1931 ～ 1935、1951 ～ 1955、1956 ～ 1960）と、比率がほぼ一定、すなわち東京圏に定住して暮らしたコーホートに二分された。なお、1956 ～ 1960 年生まれコーホートは、20 代前半のコーホート・シェアが 25% と最も高くなったが、その後は下がり、他の世代とほぼ同じ比率を示した。

図表 7-6（口絵に掲載）は、1961 年から 1985 年生まれコーホートのグラフである。この前までの世代とは大きく異なり、出生時に約 25% のコーホート・シェアを示していた。これは、これらのコーホートの親世代、すなわち人口転換期世代とそれに続く世代が図表 7-5 で見たように、20 代後半以降 15% ～ 20% が東京圏に定住し、東京圏で子どもを産み育てたことに起因すると考えられる。1961 ～ 1965、1966 ～ 1970 年生まれコーホートについては、10 代前半までの間にコーホート・シェアを大幅に下げている。これはこの世代の親が、この世代をともなって東京圏以外へと移住をしたことを意味している。しかしその後、10 代後半から 20 代前半にかけて再び東京圏に集中し、30% が東京圏で暮らすまでとなった。その後、1961 ～ 1965、1966 ～ 1970 年生まれコーホートは 20% 程度まで比率を落とすが、その後の世代は比率の減少が少ない。就職氷河期世代（ロスジェネ）などと呼ばれることもある 1970 年から 1980 年生まれコーホートは、東京圏に留まる比率がその前までの世代よりも高い傾向が見られた。

図表 7-7（口絵に掲載）は 1986 年以降生まれのコーホートのグラフである。2015 年現在 30 歳未満と若年層であるため、今後の動向はわからない。しかしながら、10 代後半から 20 代前半にかけて東京圏に集中するというこれまでのすべての世代に見られた傾向は、この世代においても確認することができた。

(2) 工業型都市としての東京 23 区の成立

　次に、東京圏のコーホート・シェアの分析によって明らかになった
人口移動の結果、東京圏の社会空間構造がどのように形成されてきた
のかを検討しよう。日本各地の、主として農家の次男や三男として生
まれた人口転換期世代の多くは、前節までで確認したとおり東京圏を
含む三大都市圏へと流入した。東京圏に流入した者たちの一部は、高
度経済成長期に発達した工場において俸給労働者（サラリーマン）とし
て東京圏に定住した。一方で大部分は、工場労働者を含む都市住民の
生活を支える、小売業、飲食店、クリーニング店などを営む自営業主
や、自分で零細な町工場を営む自営業主、そして家族従業員として東
京圏に定住した者もいた。このような都市自営業層が徐々に、町内会
の担い手として都市社会の中で自らの立ち位置を獲得していった過程
は、玉野（1993; 2005）によって克明に記されている。

　高度経済成長期を通して、東京 23 区は工業型都市として社会空間構
造を確立した。その姿は、皇居の東側に典型的繁華街、伝統的卸商業
地区が広がり、さらにその東側をセクター型に取り囲むようにブルー
カラーの住宅地が広がっていた。一方、皇居の西側は、新宿駅・渋谷
駅を核とした典型的繁華街が点在するものの、広くホワイトカラーの
住宅地が広がっていた。ただし、南端の大田区にはブルーカラーの住
宅地の集積が見られた。このような社会空間構造は、東京の社会地図
第 1 次プロジェクトが東京 23 区クラスター図として明瞭に描き出し
ていた（倉沢 1986）。

(3) 郊外化の時代

　経済低成長期からバブル経済期にかけて、図表 7-2、7-3 で見たと
おり、東京圏への人口集中は著しかったが、東京都の人口増加率は低
いままであった。すなわち、就学・就業のチャンスを求めて東京都、
なかでも東京の都心に近い地域に流入した人々が、地価、住宅価格、
住宅賃料がいずれも高いそれらの地域に定住することはできず、それ
らが比較的安い郊外に定住先を求めたのである。

東京都の社会増減を示した図表7-8を見てみよう。1975年から2018年まで東京都には毎年40〜50万人の人々が一貫して転入していることがわかる。しかしながら、東京都からの転出者数は1996年までは、転入数を上回っており、そこまでは一貫して社会減を経験していたのである。前述したとおり、就学・就業のチャンスを求めて東京都に転入してくる人は多いが、それ以上に、東京都から転出し郊外で暮らすという選択をした人が多かった。経済低成長期からバブル期にかけて、郊外化が著しく進展したのである。

　郊外化したのは人口のみではない。1980年代以降、製造業を中心とした産業構造から金融・情報・サービス業を中心とした産業構造へと変化し、脱工業化が進行した。広い敷地面積と安価で大量な労働力を必要とする量産工場などは、城南地区からは神奈川方面へ、城東地区

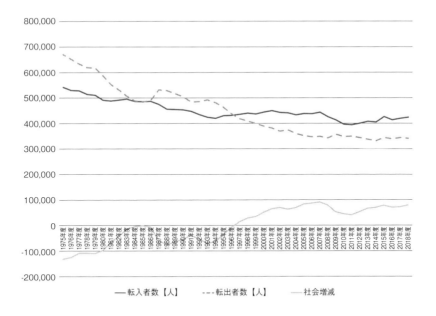

図表 7-8　東京都社会増減

（出所）e-Stat「都道府県・市区町村のすがた（社会・人口統計体系）より作成。

からは埼玉東部と千葉方面へと展開していった。ただし、このような動きは、大規模機械メーカーと直結している一部の企業、および量産可能な単品部品を生産する中規模以上の企業で見られたのであり、零細規模の下請け工場や研究開発部門である母工場は東京都区部に残存していた、とも指摘されている（関1987）。

このように郊外化という社会変動の中で、1990年の東京の社会空間構造は変化を遂げた。その姿は、東京23区クラスター図表4-25と東京圏クラスター図表5-24で描き出したとおりである。

（4）都心の再利用（再都市化）

図表7-8で見たとおり、バブル経済期の末期である1997年以降2018年現在まで社会増が続いている。転入数はほぼ45万人以下と一定であり転入数が増加したわけではない。転出数が45万人を下回り35万人程度まで減少したことによるのである。

転出しなくなったのは、どのような人々であろうか。松本（2004）を参考にして、東京都の1990年から2010年までの5年ごとの人口動態を、5歳刻みの年齢階級別に図表7-9に示した。0〜4歳は生まれた直後となるため、必ず人口増を示す。15歳から24歳までについて、東京圏のコーホート・シェアの分布と同様に、就学・就業のチャンスを求めて東京都に流入する人々が多いという傾向は、1990年から2010年まで一貫している。年次別変化が見られるのは、20代後半から40代後半までについてである。1990〜1995年までは、25歳から49歳までにおいて、大幅に人口が減少していた。しかしながら、1995〜2000年では、25歳から49歳までにおいて、人口減少数が少なくなっていた。つまり転出数が少なくなったのである。ここまでは、松本（2004）も指摘している。その後、2000〜2005年にさらに人口減少が少なくなり、2005〜2010年では、逆に人口増加を示していた。2010〜2015年になると25〜34歳までは人口増加、35〜49歳では人口減少となった。

このように、バブル経済期の末期である1997年以降、郊外へと転出

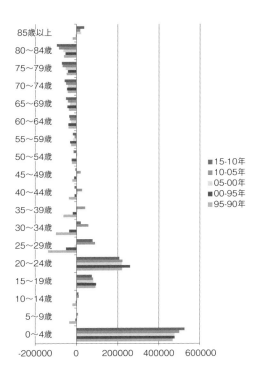

図表 7-9　コーホート別人口の変化（東京都）
（出所）総務省統計局『国勢調査』より作成。

する人が減少し始めた。すなわち、郊外に転出しなくても比較的都心
近くで居住することができるようになったのである。前述したとおり、
バブル経済期には都心近くの工場が、郊外や海外へと転出した。その跡
地がミニ開発され、比較的安価な住宅が提供されるようになった。こ
うして、都心が住宅地として再利用されるようになったのである。
　バブル経済が崩壊し、そのまま平成不況期へと時代は変化した。図表
7-9で見たとおり、2000年以降も20代後半から40代後半までが、東
京都から出止まっているという状態にほぼ変化は見られない。都心地
域を居住地として再利用することによってでき上がった社会空間構造
を、本書第4章の東京23区のクラスター図（2010年）が描き出してい
る。第2次プロジェクトが描き出した1990年のクラスター図では、千

代田区を中心として品川区、目黒区にまで繁華街地区が面的に広がっていた。しかしながら2010年のクラスター図では品川区、目黒区はホワイトカラー住宅地へと変貌したのである。

　もうひとつ、大きな変化が起きていた。製造業を中心とした産業構造から金融・情報・サービス業を中心とした産業構造へと変化する中で生じた変化であった。東京23区の工業化を支えた都市自営業層の子どもたちは、家業である自営業を継いで旧中間階級となることなく新中間階級へと吸収されていった。都市自営業層を担っていた人口構造転換期世代とそれに続く世代は高齢化し、事業の継続が困難となり、廃業することとなった。このようにして、旧中間階級が旧中間階級を再生産することなく、新中間階級へと舞台を譲ることとなったのである。このような社会階級の入れ替わりを橋本が「時間差ジェントリフィケーション」と呼んだのは第5章第5節（4）で述べたとおりである。

（5）ポストコロナ時代の社会空間構造

　第4章の東京23区のクラスター図（2010）には、近未来社会、すなわちポストコロナ時代の社会空間構造を占うヒントが描かれている。それは、ブルーカラー高齢化地区である。旧中間階級の子どもたちは新中間階級となり、家業も引き継がなければ、住宅も引き継がないことが少なくない。旧中間階級の親たちの高齢化にともない、入院・入所、死去などが生じ、空き家が増加している。空き家の多くはミニ開発によって、安価な住宅地として売り出され、都心が再利用されてきた。このブルーカラー高齢化地区は、ホワイトカラー地区として変貌を遂げていくだろうと、2019年度末までは予想された。

　しかしながら、2020年春より猛威をふるい始めた新型コロナウイルス感染症によって、2020年夏までの短期間に、リモートワーク化が一気に進むこととなった。リモートワーク可能な職種に就いているのは、資本家階級と新中間階級である。これらの階級に属する人々にとって、東京23区ははたして今後も居住地として魅力的な場所であり続けるのであろうか。リモートワークによって職場に近接した場所に居住地

がある必要がなくなった場合、ブルーカラー高齢化地区に生じつつある空き家は、ミニ開発がなされず、放置される可能性も生じてきた。ポストコロナ時代においても、都心の再利用といった事象が見られるかどうか、今後、注視していく必要がある。

3. 地方都市の形成過程

(1) 東北三陸沿岸地域の形成過程

本章第1節「戦後日本の人口移動」で見たとおり、高度経済成長期から今日にかけて、三大都市圏への人口集中が進んだ。都市社会学はこれまで、大都市圏を中心に流入してきた人々が、どこでどのような生活を営んでいるのかに目を向けてきた。ここでは視点を反転し、大都市圏へ人口を送り出してきた地域社会がどのように形成されてきたのかを見ておきたい。

岩手県上閉伊郡大槌町は、東日本大震災において甚大な被害を受けた被災地のひとつである。特に、市町村人口に占める死者・行方不明者の割合が10％以上と高いことで有名となった。また、町役場前に災害対策本部を設置してしまったがために、町長以下町役場の幹部の多くが亡くなり、町役場機能が麻痺してしまったことでも有名である。

大槌町を含む三陸沿岸は、経済低成長期頃までは、漁業の町として栄えていた。花形は遠洋漁業であり、漁業と水産加工業が地域を支えていた。大槌町の人口推移の長期トレンドを図表7-10に示した。5歳刻みの年齢階級ごとに、1980年の人口を100とした場合、1985年には次の5歳刻み階級において何％が大槌町に留まっていたかを示している。これを見ると、1980年に19歳以下だった世代と、20歳以上であった世代で大きな分断があることがわかる。20歳以上だった世代は、その5年後も90％以上もの人々が大槌町に定着して暮らしていた。しかしながら19歳以下だった世代では、大槌町に留まったのは約半数であったのである。

1977年3月、閣議で200海里漁業水域を設定する方針が決定し、7

図表 7-10　人口推移の長期トレンド（大槌町）

年齢階層別	各階層の年齢別構成比率							
	1980	1985	1990	1995	2000	2005	2010	2015
総数	100.00	95.14	94.16	95.95	95.51	94.49	92.49	76.98
0-4	100.00	100.0	100.0	100.0	100.0	100.0	100.0	
5-9	100.00	97.32	95.41	101.77	104.71	105.40	97.56	81.74
10-14	100.00	97.64	93.93	96.56	102.36	103.74	106.57	78.36
15-19	100.00	70.55	72.13	69.22	71.71	76.03	78.38	50.95
20-24	100.00	54.47	38.28	41.49	39.72	39.76	42.73	42.15
25-29	100.00	103.31	58.55	44.33	46.67	45.59	42.51	42.93
30-34	100.00	96.67	100.18	59.65	44.39	47.07	44.38	38.15
35-39	100.00	96.19	89.67	98.30	61.20	44.75	47.70	38.38
40-44	100.00	95.70	92.32	89.40	96.33	61.20	43.45	41.95
45-49	100.00	95.61	89.99	90.11	88.73	95.80	58.48	39.79
50-54	100.00	93.68	91.78	86.64	87.41	85.87	93.65	50.91
55-59	100.00	94.84	88.90	88.85	85.83	85.44	84.07	78.35
60-64	100.00	94.95	90.34	87.12	87.96	85.83	84.21	70.20
65-69	100.00	90.77	88.25	86.37	83.51	83.12	82.27	65.48
70-74	100.00	90.18	81.44	80.23	78.69	76.27	76.75	59.84
75-79	100.00	79.32	72.71	68.67	68.24	67.24	68.00	51.72
80-84	100.00	65.12	55.40	56.48	51.72	53.93	52.61	40.53
85-89	100.00	55.75	39.53	32.37	36.70	34.44	34.16	27.00
90-94	100.00	41.79	25.86	17.57	15.29	17.87	17.17	10.67
95-99	100.00	21.05	4.48	4.60	3.88	6.12	5.05	4.08
100 以上	100.00	0.00	0.00	0.00	0.57	0.52	0.72	0.55

（出所）総務省統計局『国勢調査』より作成。

月より実施された。これにともない日本の遠洋漁業は大打撃を受けた。ちょうどこのタイミングで、大槌町を離れる若者が急増し、その下の世代は5割から6割が町を出て暮らしていることが図表7-10よりわかる。1980年を境にして、町を離れる若者が増大するという傾向は、大槌町のみの傾向ではなく、宮城県の気仙沼市でも同様の傾向を見ることができる（図表7-11）。

　大槌町や気仙沼市を離れた若者がすべて三大都市圏に集中したわけではなく、もちろん、盛岡市や仙台市などの東北地方の大都市へと流入した人々が多いであろう。しかしながら、本章第1節「戦後日本の人口移動」で見たとおり、バブル経済期から平成不況期にかけて、東北地方は人口が減少していた。第一次産業から、第二次および第三次産業へという産業構造の転換により、東北地方の人口減と三大都市圏

図表7-11　人口推移の長期トレンド（気仙沼市）

年齢階層別	各階層の年齢別構成比率							
	1980	1985	1990	1995	2000	2005	2010	2015
総数	100.00	99.16	96.37	98.52	94.88	94.68	94.20	88.43
0-4	100.00	100.00	100.0	100.0	100.0	100.0	100.00	
5-9	100.00	98.79	98.42	99.45	100.05	100.11	100.65	92.00
10-14	100.00	98.03	95.86	95.33	97.11	98.48	99.89	93.97
15-19	100.00	83.11	79.50	76.28	75.37	75.40	78.46	50.15
20-24	100.00	72.71	51.05	48.31	48.87	43.95	43.04	44.70
25-29	100.00	109.47	78.23	58.18	55.71	52.70	48.35	46.08
30-34	100.00	98.92	106.47	77.45	59.31	54.70	53.27	46.61
35-39	100.00	97.37	95.65	104.82	78.04	57.87	53.62	50.42
40-44	100.00	97.01	94.58	93.68	102.92	76.10	57.03	51.77
45-49	100.00	97.79	93.81	91.91	91.84	100.33	74.15	53.87
50-54	100.00	96.92	94.23	91.52	89.28	87.98	98.70	70.04
55-59	100.00	95.70	93.37	92.18	89.22	86.56	86.89	91.66
60-64	100.00	94.77	90.23	90.20	89.53	87.36	84.36	79.94
65-69	100.00	93.00	89.16	85.76	85.47	85.11	83.15	77.14
70-74	100.00	89.30	84.06	81.49	79.13	78.41	78.80	72.63
75-79	100.00	81.65	75.04	70.69	72.02	69.19	69.77	65.03
80-84	100.00	68.05	58.91	56.40	57.14	57.87	55.68	52.03
85-89	100.00	55.27	38.96	36.33	37.93	38.93	40.69	35.37
90-94	100.00	35.99	20.84	16.59	18.43	19.26	20.42	20.42
95-99	100.00	16.51	7.42	5.32	4.94	6.01	6.09	7.00
100 以上	100.00	5.88	2.75	1.65	0.91	1.40	1.16	1.12

（出所）総務省統計局『国勢調査』より作成。

での人口増加という動きが加速されたことを、ここでは指摘しておきたい。

(2) 三大都市圏に交通機関を介して依存する地方都市

　中部地方と九州地方の社会空間構造については、第6章で詳しく見たとおりである。中部地方の中核都市は名古屋市であるが、次に人口が集中している地域は静岡市などの東海地域、富山市・金沢市などの北陸地域、松本平、伊奈平、佐久平、長野市などの長野県の4つの盆地、山梨県の甲府市、群馬県の高崎市などであった。これらの地域のうち、松本平、伊奈平と甲府市を除けば、他の地域はすべて新幹線によって東京に直結している。なかでも上越新幹線が通っている佐久市から上田市にかけては、生産年齢人口比率も年少人口比率も高い地域

が見られた。

　一方、九州新幹線によって大阪に直結している北九州市から鹿児島市までを見ると、人口密度が高い地域が集中しているのは北九州市から熊本市までであった。これらの地域は、生産年齢人口比率も年少人口比率も高く、今後の人口の再生産が期待される。しかしながら、熊本県の熊本市より南の地域および鹿児島県においては、人口密度が高い地域はまばらであり、老年人口比率が高い。これらの地域においては、今後の地域社会の持続可能性が困難になることが危惧される。

　このように、新幹線という高速かつ大量の輸送機関によって三大都市圏に直結している地方都市は、人口量も多く、生産年齢人口や年少人口が多く、人口の再生産が期待でき、地域社会の持続可能性に期待が持てる。しかしながら、三大都市圏に直結していない地方都市は、人口の高齢化と人口減少により、地域社会の持続可能性が危ぶまれ始めている。

　一方で、第7章第2節（5）「ポストコロナ時代の社会空間構造」で述べたとおり、交通機関を介して三大都市圏に直結していることが必須の条件である時代から、インターネット回線さえあれば、どこで暮らしても就業することができる時代へと変化する可能性もある。この点も、今後の地方都市の社会空間構造を検討する上では留意しておく必要がある。

（3）やねだんの挑戦

　少子高齢化が進んでいる九州地方に位置しながらも、高齢者の力を活かした村おこしに成功し、全国から注目を集めている地域社会がある。鹿児島県鹿屋市串良町柳谷、地域の人には「やねだん」という呼称で呼ばれている地域がそこである。

　やねだんは串良町内にある86自治公民館の一集落であり、108世帯、人口251人（2020年8月現在）、高齢化が進む典型的な中山間地域の集落である。この村が、2002年には第8回日本計画行政学会「計画賞」最優秀賞を受賞。民間の放送局が長期の取材を経て、やねだんの地域

再生10年のテレビドキュメンタリーを放映したことを契機に、全国的にも有名になった。

　やねだんを村おこしの成功事例に導いたのは、現在の自治公民館長である豊重哲郎氏である。豊重さんが自治公民館長として就任した1996年、自治公民館の活動は、全国各地の町内会・自治会の多くと同様に行政末端機能、つまり行政からの配布物を配布するなどの活動が主であり、村の自主財源は1万円であった。畜産が盛んであったため、悪臭がひどく、集落の人々はみな困っていた。

　豊重館長は、行政に頼らない村おこしをめざし、そのためにまず、自主財源を確保することを試みた。最初に取り組んだのは、集落内の休遊地を借用してのカライモ（サツマイモ）生産活動であった。3人の住民から30アールの無償提供の申し出を受け、農家の植え付け終了後の上り苗を無償提供してもらい、1997年に生産活動を開始した。活動の担い手は高校生。翌年にはカライモの売り上げによって27万円の自主財源を得た。このお金を使って、一人暮らしの高齢者の孤独な夜の不安を解消するために、緊急警報装置を設置し、希望する独居高齢者にそのスイッチを配布した。

　また、村づくり活動の拠点が必要と考えた豊重館長は、「わくわく運動遊園」と命名された手作りの公園を住民総出で作る活動を提案した。技術、体力を蓄えた住民は労力を提供し、豊かな知識と経験を備えた高齢者はそれを提供し、体の弱い住民は寄付を行う。このような住民総出の作業によって、行政からの補助金に全く頼らず公園は1997年に完成した。

　2001年には新たな自主財源が生み出された。「土着菌」である。土着菌とは山や田畑に生息している好気性の微生物の総称である。これを牛や豚の餌に混ぜたところ、翌日から糞尿による悪臭が消え、畜舎からハエが消えたのである。この土着菌の生産を2001年からスタートした。翌年の自主財源は122万円にも達した。この年、第8回日本計画行政学会「計画賞」最優秀賞を受賞することとなった。

　2004年には、土着菌堆肥を用いて栽培したカライモで作る、自主ブ

ランド焼酎「やねだん」の製造と販売に着手し、2005年には自主財源が500万円に達した。翌2006年には全世帯にボーナス1万円（1世帯あたり）を支給することができた。

　2007年には、オーナーの許可を得た空き家を改修し、迎賓館と名づけ、そこで暮らして活動してくれるアーティストを募集した。このような独自の活発な活動が評価され、内閣総理大臣賞を受賞。テレビドキュメンタリー放送などの効果もあってか、Uターンを希望する世帯もあり、2007年には、1998年以来減り続けていた人口が16名増加することとなった。

　この集落内には就業の場は、ほぼない。この集落で暮らす就業者は、基本的に、車で20分ほどかけて鹿屋市に通勤している。鹿屋市に就業のチャンスが集積しているおかげで、やねだんで生活し子育てをすることができるのである。職場はないものの、豊かな生活の場がやねだんには用意されており、そのことが若者を惹きつけている。

（4）吉里吉里の将来人口予測

　再び、東北地方に目を向けてみる。大槌町から45号線を東に進むと山をひとつ隔てて、吉里吉里という小さな集落に到着する。ここは、明治と昭和の津波の被災地を丹念に調べて記した山口弥一郎の『津波と村』において、「吉里吉里の理想郷」と節を起こして取り上げられている集落である。吉里吉里は1896（明治29）年に流失するまでは海岸に近く、まとまった漁村をなしていた。しかし、明治29年の津波、1933（昭和8）年の津波により大きな被害を受けた。そこで西北部山麓の畑地を地主より買い取って、8,000坪の敷地を手に入れ、集団移転を果たした。このことを山口は「幾度か打ちのめされて、村の位置をあっち、こっちと移動し、暗い影につきまとわれたごとき吉里吉里村は、村人の協力によって明るい理想郷建設にまで到達した」（山口 2011:105）と述べている。

　しかしながら、2011年の東日本大震災によって、地元の人々が「住宅」と呼んできた昭和8年の津波を経て集団移転をした「住宅」まで

もが流されてしまった。昭和8年の津波のことを覚えている高齢者ほど、ここは集団移転した場所なので津波は来ないと語っており、またその記憶によって逃げ遅れた高齢者もいるだろうと、地元の人は語ってくれた。

2010年国勢調査の小地域統計によれば、吉里吉里の人口総数は2,133名であった。2005年から2010年のコーホート変化率を求め、この5年間の変化率がその後も続くと仮定して、2015年から2040年までの人口総数と高齢化率を求めたのが、図表7-12である。コーホート変化率の計算方法などは浅川（2017）に準拠した。東日本大震災の津波被害が生じず、2005年から2010年の変化が、その後5年間続くと想定すると、2015年の吉里吉里の人口総数は1,951名となると予想されたのである。実際の人口総数を、2015年国勢調査の小地域統計で求めてみると1,549名であった。東日本大震災による吉里吉里の死者・行方不明者は100名弱であったので、それ以外に300名ほどが吉里吉里を離れたことになる。

2010年から2015年までのコーホート変化率を求めて今後の予測を行うと、津波の被害を5年ごとに受ける計算となり、人口減少を過剰に見積もってしまう。そこで、津波前の2005年から2010年までのコーホート変化率を2015年データに適用することよって、2020年から2045年の予測を行った（図表7-13）。その結果、2020年の人口総数の予測値は1,424名であり、2015年の国勢調査データによる人口総数1,549名に近似する値を示した。2030年には高齢化率が50%を超え、2045年の人口は679名となることが予想された。

2015年の国勢調査データは、2015年10月に吉里吉里で生活していたすべての人を対象として算出されている。つまり、復興作業や復興支援活動のために滞在していた人を含んでいるのである。それを考慮に入れると、それらの人々がこの地を離れることになる今後の人口減少は、この予想よりも著しい可能性が高いことになる。

しかしながら、他の被災地もそうであるが、吉里吉里には震災を機に交流人口が大量に増加した。大量のボランティアが流入し、被災か

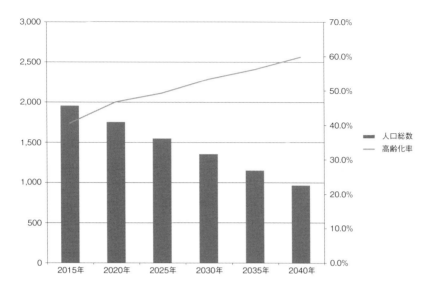

図表 7-12　人口総数と高齢化率の予測（2010 年データで予測）

（資料）総務省統計局『国勢調査』をもとに筆者が推計のうえ作成。

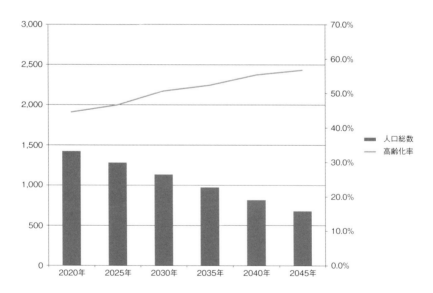

図表 7-13　人口総数と高齢化率の予測（2015 年データで予測）

（資料）総務省統計局『国勢調査』をもとに筆者が推計のうえ作成。

ら10年経つものの、いまだに吉里吉里を訪問している元ボランティアも少なくない。交流人口が吉里吉里の魅力を他者に伝えるのみならず、交流人口が来ることが、地元の子どもたちにとって、郷里を誇る気持ちを後押しすることにもつながる。大槌町の人口推移の長期トレンドで見たような二十歳になると半数が町を離れるといったトレンドが今後も続いたとしても、一時的に離れた内の何名かが戻ればこのような人口減少を防ぐことは可能である。

4. 戦後日本都市の空間構造

（1）社会空間構造

　本章では、戦後日本都市の社会空間構造について検討してきた。第二次世界大戦後、高度経済成長期を契機に、地方都市から三大都市圏への人口の流入が生じた。続く経済低成長期では、地方都市でも人口増加が見られるようになったものの、三大都市圏への人口集中というトレンドは変化がなかった。バブル経済期になると、再び三大都市圏から空間的に離れた地域の人口が減少し始め、一方で三大都市圏への人口の集中はますます進んだ。そして、人口総数のピークを過ぎた平成不況期となると、人口増加は主に関東圏のみで見られ、それ以外は軒並み人口減少を経験することとなった。

　就学・就業のチャンスを求めて関東圏の中心である東京へ流入した人々は、家族を形成するライフステージに達すると郊外へと住宅を求めて移動した。その後、バブル経済が崩壊し、平成不況期へと時代は変化するが、それにともなって郊外化もそのスピードを緩めていく。東京23区を中心とする都心地域は再び居住地として再利用されるようになった。このようにして、第4章および第5章で描き出した東京23区および東京圏の社会空間構造は形成されてきた。

　一方、東京圏を含む大都市圏に人口を輩出してきた地方都市においても、社会空間構造が大きく変化してきた。経済低成長期までは、それぞれの地方都市固有の産業基盤が地方都市の人口を支えていた。し

かしながら、グローバル化が進展し、脱工業化へと産業構造が変動し、200海里漁業水域を導入したことなどにより、地方都市固有の産業基盤が揺らぎ、新幹線によって三大都市圏に直結することが地方都市の生命線となっていった。このようにして、第6章で描き出した地方都市の社会空間構造は形成されてきた。

　もちろん前節で見たとおり、新幹線網から外れた地域社会において、持続可能な地域社会を築くために多くの挑戦が行われている。そのような個々の地域社会の営みを無視することはできない。とはいえ、今日の日本社会全体を見るならば、三大都市圏と、そこに交通機関を介して依存する地方都市という二分された都市社会空間構造が出来上がったと捉えて良いだろう。

(2) 格差社会と都市空間

　本章で扱った日本都市におけるバブル期および平成不況期は、第1章で見た都市社会学の歴史的展開の時間軸で見ると、「③ポスト・フォーディズムの時代」ということになる。第1章で見たとおり、ポスト・フォーディズムの時代において、社会構造は分極化し、それにともなって空間構造も分極化が進行した。社会構造の分極化と地理的な格差については、第4章および第5章において、主に職業階層と学歴という指標を用いて描き出した。

　このようにして本書では、戦後日本都市の社会空間構造が、どのような社会変動の下で、どのように形成されてきたのかをデータ（evidence）に基づいて分析してきた。その結果、東京圏を頂点とする日本の各都市間のヒエラルキー構造に従って人口が配分されるという、社会空間構造における格差が生じてきた過程を描き出すことができた。人口の集中は、資本投下の集中を呼び起こし、富を集積させ、さらなる人口を呼び寄せることとなる。こうして現在の日本の都市の社会空間構造における格差が生じてきたのである。

第8章　都市社会空間構造研究の展望と課題

1. 展望

（1）分析方法がもつ可能性

　本書では、都市社会空間構造研究により、戦後日本都市の社会空間構造の変化をデータ（evidence）に基づき描き出してきた。最後に、都市社会空間構造研究の展望と課題をまとめておきたい。

　本書では、都市社会空間構造分析を行う際のデータの単位として、標準地域メッシュ（3次メッシュ）を用いてきた。このような、緯度と経度を基準として定められたメッシュデータを社会空間構造分析に用いるには、大別して2種類のメリットがある。時系列比較が容易という点と、国際比較が可能という点である。

　社会空間構造分析において時系列比較を行う場合、市区町村や町丁目などの小地域を単位とすると、比較する複数時点の間に市町村合併などが生じていた場合、比較が困難となる。それに対して、メッシュデータの場合には、基本的には複数時点に対してそのまま比較を行うことができる。この点が第1のメリットである。

　ただし、東日本大震災で生じたように、津波や原発事故によって被害を受けその後非居住地域に指定されてしまった地域については、メッシュデータが欠損することになる。また、それまで山林だった場所が開発されて高所移転がなされたり、湾岸地域で埋め立てが生じたりした場合には、逆に、新しいメッシュが発生することになる。したがって、時系列比較を行う場合には、メッシュコードの照合について注意と工夫が必要である。

　日本で提供されているメッシュデータは、世界測地系の緯度と経度

を基準として加工されている。しかしながら、日本以外の各国が日本と同じ方式でデータを提供しているわけでは、今のところない。筆者は、2018年度より都市計画を専門とする饗庭伸氏との共同研究としてソウルとの比較研究を行っている。カウンターパートのソウル学術院では、ソウルで提供されている自治体単位のデータを、日本で提供されているメッシュデータに加工することによって、標準地域メッシュを用いたソウルの社会地図を作成した。たとえば老年人口比率など、東京23区とソウルで同一の主題図を作成し、双方を比較して両都市の高齢化の比較を行う研究が、2021年現在進められている。

　ソウルとの共同研究では、前述したとおり記述的分析までに留まっている。今後の展望としては、東京とソウルで、それぞれが社会地区分析を行い、東京とソウルの社会空間構造の比較を行うことを考えたい。また、東京のデータとソウルのデータを合体したデータセットを作成し社会地区分析を行うことができれば、東京でしか見ることができないクラスター、ソウルでしか見ることができないクラスター、そして両方に共通して見ることができるクラスターを析出することが可能となるであろう。今後の国際比較研究は、現行の記述的分析を超えた、構造分析にまで進展するものと予想される。

　本書では扱うことができなかったが、社会地図には流線図および移動データ分析という手法がある。流線図はOD（Origin, Destination）を流線でつなぎ図示したものである。たとえば、各都道府県から東京都へ移動した人の数を線の太さで表すことができる。移動データ分析はODデータに加え、時間や移動に関する情報（移動手段、移動理由など）を加えて分析することができる。これらの分析手法は地理学ではかなり一般的になってきたものの、社会学ではまだあまり用いられていない。

　たとえば東日本大震災による津波被災者について、流線図あるいは移動データ分析を適応するという研究事例は想定できる。自宅が津波によって流されてしまった人が、親戚などを頼って他地域に流出したのか、それとも地域に残って仮設住宅に入居したのかを、ODをつな

ぐ線で表現することができる。加えて、そのような異なる選択をした
人々が、そもそもどのような地域社会で生活していたのか、社会空間
構造分析によって捉えることができ、経済資本や社会関係資本が豊富
である地域とそうではない地域では、避難時に選択する行動に差があ
るか否かを分析することもできる。現在の研究では、たとえば大槌町
居住者のうち仮設住宅に入居した者が何人で、市外に流出した者が何
人であるといった記述的な分析に終始しており、避難行動の社会学的
な分析までは行われてはいない。社会空間構造分析と、流線図および
移動データ分析を組み合わせると、避難行動や仮の住まいの選択など
の行動を、社会学的に分析することが可能となる。今後、このような
研究が出てくることが期待される。

(2) 学問領域に対する貢献

　次に、都市社会空間構造研究の学問領域に対する貢献について検討
したい。都市という社会の社会構造および空間構造に関する研究が都
市社会学に貢献するのは言うまでもない。それに加えて、各地域社会の
基本的な社会空間構造を理解することに貢献できる。コミュニティス
タディを専門とする玉野和志と都市社会空間構造分析を専門とする浅
川達人がコラボレーションすることにより、『東京大都市圏の空間形成
とコミュニティ』は生み出された。第2章第4節で論じたとおり、京
浜地区というローカル・コミュニティにおいて生じていた変化は、コ
ミュニティ・スタディのみで解明できるわけではなく、社会空間構造
研究より明らかにされた東京大都市圏の変化の中に位置づけることに
よって明らかにされるのである。地域社会学において研究対象とされ
る地域について、基本的な社会空間構造を理解しておくことは必要不
可欠である。

　また、災害研究に対しても貢献が期待できる。従来の災害研究は、災
害が起こるたびにその被災地に入りアドホックに研究が開始されてき
た（室井 2020）。そして被災後の復興過程を記録し、なぜそのような復
興過程が選択されたのか、そのような復興がはたして妥当であったの

かが議論されてきた。その際、研究の焦点は「被災後」に当てられていた。これまでの災害研究において、災害は脆弱性の高い人々に対して大きな被害をもたらすのであり、そういった人々が復興過程からこぼれ落ちることが知られるようになった。これらの脆弱性の高い人々が、なぜ、どこに、どのように生活していたかを分析することに、都市社会空間構造研究は貢献することができる。

浦野正樹を研究代表者とする研究グループが、科研費の助成を受けて 2019 年度から行っている研究において、各被災地の復興の最適解を探究する研究がなされている。2019 年度は各被災地がどのような過程を辿って復興してきたのかの記述と比較を行ったものの、なぜそのような復興過程が選択されたのか、そのような復興がはたして妥当であったのかを議論しようとしたとき、被災前の各地域社会の基本的な構造と変化のトレンドを理解していないとそのような議論ができないことがわかった。2020 年度は、浅川を中心に東日本大震災によって津波と原発事故の被害を受けた東北 3 県（岩手県、宮城県、福島県）の社会空間構造研究を行い、その知見を生かして復興の最適解を探究する議論を行った。

災害研究においては、土木工学、河川工学、自然地理学などの自然科学の諸分野と共同で研究を行うことも少なくない。その際、社会学が果たす貢献とは何かを明示するよう求められることがある。社会構造という視点と空間構造という視点を接合した社会空間構造研究が、我々が暮らしている社会の基本的な構造を描き出し、社会で生じている事象を説明するひとつの要因を提示することができるということは、社会学が果たす貢献のひとつとしてあげられるであろう。

2. 今後の課題

（1）社会学における研究方法論開発の必要性

第 1 章で論じたとおり、都市社会学者たちは、刻々と変化する社会の姿を可視化し説明するために、社会調査の知識と技術を磨き上げ、都

市社会学を社会科学として発展させてきた。シカゴ学派においては社会調査としての地図づくりが盛んに行われたものの、今日の都市社会学における社会調査は、主に、質問紙を用いた標本調査か、参与観察か、インタビュー調査に特化しており、ビジュアル・メソッドなどと組み合わせたマルチメソッド・アプローチが取られているのは後藤範章らの研究などに限られている。

　明らかにしたい社会事象を捉えるためには、研究方法は従来の研究方法に固執するのではなく、新たな研究手法の開発を含めて、もっと積極的に行うべきであろう。たとえば樋口直人らは、東日本大震災後に国会前を埋め尽くすほどの大規模デモがなぜ復活したのかを探るために、「楽天リサーチ」モニターを調査対象として、83,732 サンプルのデータの分析を行った（樋口・松谷 2020）。全体としては少数である社会運動参加者の分析を行うためには大規模サンプルが必要であるため、インターネット調査を活用したのである。社会学は、標本調査、参与観察、インタビュー調査といった旧来の調査手法に固執することなく、特定の事象を解明するために必要な研究方法を新たに開発する必要がある。

　シカゴ学派社会学においては、社会地図は特定の事象がどのような空間上のどの位置で起きているかを示す、いわば記述的な分析手法として用いられていた。それに対して、社会地区分析をともなう社会空間構造分析は、特定の事象を生み出している社会の基本的な構造を明らかにしてくれるのであり、要因分析にまで踏み込むことを可能とする。前述したとおり、都市社会空間構造分析を要因分析として用いる研究は、まさに現在進行中であり、現段階では研究成果を示すことはできない。研究成果を公表していくことが、今後の課題のひとつである。

（2）政策および都市計画との関連

　倉沢（1986）が明示した東京 23 区の社会空間構造、すなわち皇居の東から南にかけて商業地域が広がり、北東部には工業地域が、そして南

西部には住宅地が広がるという構造は、1925 年に内務省公示として公表された「東京都市計画地域図」に酷似している（橋本・浅川 2020:20）。これが示すように、日本の都市の社会空間構造に対しては、国および地方自治体の政策や都市計画が非常に強い影響をおよぼしている。政策や都市計画を左右するのが都市政治であり、都市政治と都市の再開発を描いた著作も少なくない（平山 2006; 源川 2020）。本書では、国および地方自治体の政策や都市計画と社会空間構造の関連について論じることはできなかった。その点も、今後の課題のひとつである。

【引用文献】

Anselin, L., 1995, Local indicators of spatial association -LISA., *Geographic Analysis*, 27(2), 93-115.

ASAKAWA Tatsuto, 2016, Changes in the Socio-Spatial Structure in the Tokyo Metropolitan Area: Social Area Analysis of Changes from 1990 to 2010, *Development and Society*, Vol. 45, No. 3, 2016, pp.537-562.

浅川達人、2006、「東京圏の構造変容─変化の方向とその論理─」『日本都市社会学会年報』24 号

浅川達人、2008、「社会地区分析再考─KS 法クラスター分析による二大都市圏の構造比較─」『社会学評論』234 号、299-315 頁

浅川達人、2010、「社会地図と社会地区分析」、浅川達人・玉野和志『現代都市とコミュニティ』放送大学教育振興会、48-59 頁

浅川達人、2017、「東日本大震災津波被災地の 25 年後の姿─人口分析＆予測プログラムによる考察─」、『研究所年報』明治学院大学社会学部付属研究所、No.47、159-168 頁

浅川達人・岩間信之・田中耕市・佐々木緑・駒木伸比古・池田真志・今井具子、2019、「食料品充足率を加味したアクセス測定指標による食品摂取多様性の分析──高齢者の健康的な食生活維持に対する阻害要因のマルチレベル分析」『フードシステム研究』26(2)、21-34 頁

Burgess, Ernest W., 1925, "The Growth of the City: An Introduction to a Research Project", Park Robert E., Burgess Ernest W., McKenzie Roderick D., *The City*, The University of Chicago Press. pp.47-62.

Firey, Walter, 1945, Sentiment and Symbolism as Ecological Variables, *American Sociological Review*, vol.10.

Getis, A., Ord, J.K., 1992, The analysis of spatial association by use of distance statistics, *Geographic Analysis*, 24, 189-206.

橋本健二、2011、『階級都市──格差が街を侵食する』ちくま新書

橋本健二、2017、「1980 年以降の格差拡大と大都市分極化」『日本都市社会学会年報』35 号

橋本健二、2018、『新・日本の階級社会』講談社現代新書

橋本健二・浅川達人編、2020、『格差社会と都市空間──東京圏の社会地図 1990-2010』鹿島出版会

樋口直人・松谷満編著、2020、『3・11 後の社会運動──8 万人のデータから分

　かったこと』筑摩書房

平山洋介、2006、『東京の果てに』NTT 出版

Hoyt, Homer, 1939, *The Structure and Growth of Residential Neighborhood in American Cities*, Federal Housing Administration Scholarly Press.

磯村英一、1953、『都市社会学』有斐閣

岩間信之（編）、2013、『改訂新版フードデザート問題——無縁社会が生む「食の砂漠」』農林統計協会

岩間信之（編）、2017、『都市のフードデザート問題——ソーシャル・キャピタルの低下が招く街なかの「食の砂漠」』農林統計協会

岩間信之・今井具子・田中耕市・浅川達人・佐々木緑・駒木伸比古・池田真志、2018、「食料品充足率を加味した食料品アクセスマップの開発」『フードシステム研究』25(3)、81-96 頁

吉川徹、2018、『日本の分断——切り離される非大卒者たち』光文社

近藤克則、2007、『検証「健康格差社会」介護予防に向けた社会疫学的大規模調査』医学書院

倉沢進（編）、1986、『東京の社会地図』東京大学出版会

倉沢進・浅川達人（編）、2004、『新編東京圏の社会地図 1975-90』東京大学出版会

松本康、2004、『東京で暮らす——都市社会構造と社会意識』東京都立大学出版会

Mayer, Harold M. and Richard C. Wade, 1969, *Chicago: The Growth of a Metropolis*, The University of Chicago Press.

源川真希、2020、『首都改造——東京の再開発と都市政治』吉川弘文館

Mower, Ernest R., 1927, *Family Disorganization: An Introduction to a Sociological Analysis*, The University of Chicago Press.

村山祐司、1998、『増補改訂地域分析——地域の見方・読み方・調べ方』古今書院

室井研二、2020、「方法としての災害社会学―理論的系譜の再検討―」『西日本社会学年報』No.18、7-19 頁

中筋直哉、2002、「日本の都市社会学」高橋勇悦（監修）菊池美代志・江上渉（編）『21 世紀の都市社会学』学文社

ノックス, ポール、ピンチ, スティーヴン（川口太郎・神谷浩夫・中澤高志訳）、2013、『改訂新版 都市社会地理学』古今書店

奥井復太郎、1940、『現代大都市論』有斐閣

大江守之、1995、「国内人口分布変動のコーホート分析」『人口問題研究』

vol.51-3.

サヴィジ, マイク（舩山むつみ訳）、2019、『7 つの階級──英国階級調査報告』東洋経済新報社

関満博、1987、「先端技術と首都圏工業再配置の動向」『経済地理学年報』33-4、297-313 頁

スタンディング, ガイ（岡野内正監訳）、2016、『プレカリアート──不平等社会が生み出す危険な階級』法律文化社

鈴木栄太郎、1953、『北海道における社会構造の研究──社会地区の設定』北海道総合開発委員会事務局

武田祐子・神谷浩夫・中澤高志・木下禮子・若林芳樹・由井義通、2004、「ジェンダー・マップ 2000」、由井義通・神谷浩夫・若林芳樹・中澤高志（編）、2004、『働く女性の都市空間』古今書院

玉野和志、1993、『近代日本の都市化と町内会の成立』行人社

玉野和志、2005、『東京のローカル・コミュニティ──ある町の物語』東京大学出版会

玉野和志・浅川達人（編）、2009、『東京大都市圏の空間形成とコミュニティ』古今書院

玉野和志（編）、2020、『都市社会学を学ぶ人のために』世界思想社

Thrasher, Frederic M, 1927, *The Gang: A Study of 1, 313 Gangs in Chicago*, The University of Chicago Press.

富田和暁・藤井正（編）、2001、『図説大都市圏』古今書院

豊田哲也、2007、「社会階層分極化と都市圏の空間構造──三大都市圏における所得格差の比較分析」『日本都市社会学会年報』25

豊重哲郎、2004、『地域再生──行政に頼らない「むら」おこし』あさんてーな

ウィルソン, ウィリアム J.（青木秀男監訳）、1999、『アメリカのアンダークラス』明石書店

山口弥一郎、2011、『津波と村』三弥井書店

矢野桂司、2001、「三大都市圏の社会地図」、富田和暁・藤井正（編）、2001、『図説大都市圏』古今書院

由井義通・神谷浩夫・若林芳樹・中澤高志（編）、2004、『働く女性の都市空間』古今書院

Zorbaugh, Harvey W., 1929, *The Gold Coast and the Slum: A Sociological Study of Chicago's Near North Side*, The University of Chicago Press.

あとがき

　本書は 2021 年に東京都立大学に提出した博士学位論文「都市社会空間構造研究—戦後日本都市の空間構造—」に加筆修正することによりできあがった。

　東京都立大学大学院博士課程を退学し、東京都老人総合研究所、東海大学、放送大学を経て、明治学院大学に着任してから、人生で初めてサバティカルを得ることができた。2012 年のことである。その直前の 2010 年までは、この期間に博士学位論文を執筆する予定であった。

　ところが 2011 年 3 月 11 日に東日本大震災が発災し、私の人生は激変した。この時ボランティアセンター長補佐をつとめていたがために、東京圏の研究に明け暮れていた私が、津波被災地である岩手県大槌町吉里吉里を毎月のように訪れるようになった。2011 年度は主に、復興支援活動のために訪問した。サバティカル期間となった 2012 年度も、毎月のように吉里吉里に通った。復興支援活動に従事する傍ら、津波で流された『いとしく　おかしく　懐かしく――私の吉里吉里語辞典』（関谷徳夫著）を復刻する作業にも没頭した。2013 年度以降は次第に、津波によって破壊された地域社会が、どのような過程を経て復興を遂げていくのかについて、参与観察を行うことに軸足を移していき現在に至っている。

　私の人生初のサバティカルはこうして終了し、博士学位論文の執筆はなかば諦めかけていた。ところが、明治学院大学における 2 回目のサバティカルが 2020 年に得られる見込みとなったころ、再び人生の転機が訪れた。早稲田大学人間科学学術院において都市社会学を専門とする研究者の公募が出されたのである。明治学院大学においては都市社会学を教えることが叶わなかった私にとって、この公募は都市社会学者として教育・研究活動に従事するための最後のチャンスに思え

た。公募に応募した結果、幸運なことに採用していただくことができた。

　異動に際して、早稲田大学人間科学学術院においては、博士後期課程の指導を担当するためには博士の学位取得が必須の条件であることを知った。これが後押しとなり、博士学位論文の執筆に取り掛かり、2021 年に東京都立大学より博士（社会学）の学位を授与いただくこととなった。このようにして本書の基礎が誕生した。

　本書は、都市社会学のテキストとして用いることができることをめざして、学位論文に加筆修正を加えて執筆した。私は、都市社会学や社会学の講義を行う際は必ずその初回時に、「社会学とはどのような学問か、10 文字以内で説明せよ」という問いを投げかけることにしている。この問いに対する私なりの解答は「社会を紙に描く学問」である。社会学では、「脱工業型社会」のように言葉によって社会を可視化することもできるし、「従属人口指数」のように数値によって可視化することもできる。それに加えて、社会地図によって都市社会を可視化することもできる。都市社会学の社会学に対する貢献のひとつは、都市の社会空間構造を社会地図によって可視化することにあると私は考えている。本書のタイトルを『都市を観る』としたのは、社会地図を用いて都市の社会空間構造を可視化し、都市という社会を分析・考察する試みを、ひとことで表現したかったからである。

　日本で社会地図研究を最初に行ったのは、私の恩師である倉沢進先生グループである。東京 23 区を 500m メッシュで可視化したのであるが、研究を始めた当初は、社会地図をワープロで出力することを試みたという。「囚」「回」「図」「圃」「園」「圖」といった、徐々に画数が多くなるくにがまえの漢字を用いてメッシュの濃淡を表現した。この頃の倉沢先生の試作品が、私の研究室にまだ残っている。この頃、倉沢先生を支えてこの研究プロジェクトを遂行した森岡清志先生や園部雅久先生もまた、私の学部、大学院時代の恩師である。

　この研究プロジェクトを発展的に継承した第 2 次プロジェクトの成果である『新編東京圏の社会地図 1975-90』には、2005 年に第 4 回日

本都市社会学会賞（磯村記念賞）が与えられた。そして、社会地図研究と階級・社会階層研究を結びつけることを試みた研究プロジェクトの成果である『格差社会と都市空間　東京圏の社会地図 1990-2010』は、2021 年に第 12 回日本都市社会学会賞（磯村記念賞）を受賞することができた。これらはすべて、恩師をはじめ、コメントやアドバイスをくださった共同研究者のみなさまのおかげです。深く感謝申し上げます。また、今日の厳しい出版事情の中で、本書を世に送り出してくださった春風社の下野歩さん、山岸信子さんにも、記してお礼申し上げます。

　最後に、大学を異動するかどうか悩んだ際にいつも温かく背中を押してくれた家族にも、感謝の想いを伝えたい。どうもありがとうございました。

　2021 年 11 月

浅川達人

【著者】浅川 達人（あさかわ・たつと）

1965 年長野県生まれ。1995 年東京都立大学大学院社会科学研究科社会学専攻博士課程満期退学。現在、早稲田大学人間科学学術院教授（都市社会学）。博士（社会学）。
東京都老人総合研究所研究助手、東海大学教員、放送大学教員、明治学院大学教員を経て、2020 年より現職。
主著に『新編東京圏の社会地図 1975-90』（共編著、東京大学出版会、2004年）、「東京圏の構造変容—変化の方向とその論理—」（『日本都市社会学会年報』24 号、2006 年）、「社会地区分析再考—KS 法クラスター分析による二大都市圏の構造比較—」（『社会学評論』234 号、2008 年）、『東京大都市圏の空間形成とコミュニティ』（共編著、古今書院、2009 年）、『現代都市とコミュニティ』（共著、放送大学教育振興会、2010 年）、『21 世紀社会とは何か——「現代社会学」入門』（共編著、恒星社厚生閣、2014 年）、『現代コミュニティとは何か——「現代コミュニティの社会学」』（共著、恒星社厚生閣、2014年 ）、Changes in the Socio-Spatial Structure in the Tokyo Metropolitan Area: Social Area Analysis of Changes from 1990 to 2010（*Development and Society*, Vol.45、2016 年）、「東日本大震災津波被災地の 25 年後の姿—人口分析＆予測プログラムによる考察—」（『研究所年報』No.47、2017 年）、『格差社会と都市空間　東京圏の社会地図 1990-2010』（共編著、鹿島出版会、2020 年）。

都市を観る
——社会地図で可視化した都市社会の構造

2022 年 2 月 17 日　*初版発行*

著者	浅川 達人 あさかわ　たつと
発行者	三浦衛
発行所	春風社　*Shumpusha Publishing Co.,Ltd.*

横浜市西区紅葉ヶ丘 53　横浜市教育会館 3 階
〈電話〉045-261-3168　〈FAX〉045-261-3169
〈振替〉00200-1-37524
http://www.shumpu.com　✉ info@shumpu.com

装丁	江森恵子（クリエイティブ・コンセプト）
印刷・製本	シナノ書籍印刷株式会社